国际商务专业硕士系列教材

投资银行案例分析

Analysis of Investment Bank Cases

张国胜　翟　嘉◎编著

中国金融出版社

责任编辑：张翠华
责任校对：张志文
责任印制：陈晓川

图书在版编目(CIP)数据

投资银行案例分析 / 张国胜，翟嘉编著. — 北京：中国金融出版社，2020.8

ISBN 978-7-5220-0638-3

Ⅰ.①投⋯ Ⅱ.①张⋯②翟⋯ Ⅲ.①投行银行—案例—研究生—教材 Ⅳ.①F830.33

中国版本图书馆CIP数据核字 (2020) 第095571号

投资银行案例分析
TOUZI YINHANG ANLI FENXI

出版
发行　中国金融出版社

社址　北京市丰台区益泽路2号
市场开发部　(010) 66024766，63805472，63439533 (传真)
网上书店　http://www.chinafph.com
　　　　　 (010) 66024766，63372837 (传真)
读者服务部　(010) 66070833，62568380
邮编　100071
经销　新华书店
印刷　保利达印务有限公司
尺寸　169毫米×239毫米
印张　15.5
字数　210千
版次　2020年8月第1版
印次　2020年8月第1次印刷
定价　39.00元
ISBN 978-7-5220-0638-3
如出现印装错误本社负责调换　联系电话 (010) 63263947

丛书序言

即便逆全球化掀起阵阵波澜,也不能阻挡和改变世界经济大潮向全球化不断进发的态势。这是不以哪一个国家或地区的意志或一厢情愿为转移的。因而,如何顺应时代潮流,在彼此相互依赖的世界中构建人类命运共同体,共同应对纷繁复杂的国际政治、经济等方面林林总总的问题,应该成为世界各国的明智选择。在这一过程中,拥抱的是繁荣的愿景,摒弃的是无益的对抗。然而,如何推动并创造良好的国际商务发展环境,造就更多能够为全球经济繁荣贡献智慧和力量的大批国际商务人才,已经成为摆在包括中国在内的致力于推动全球化发展和本国社会经济繁荣的世界各国面前的重要任务。

那么,近年来国际商务环境以及社会对国际商务人才的需求究竟发生了怎样的变化呢?毫无疑问,经济全球化的深入发展,国际政治经济新秩序的构建,国际协定和相关政策的变革,科技浪潮的风起云涌,新业态、新模式的推陈出新,国际贸易投资规模的增长以及结构的变化,跨国公司的创新发展等,使当下国际商务处于前所未有的机遇、挑战和变革相互交织的特殊时期。这一时期,更需要世界各国加大对改善和优化国际商务环境努力的呵护,同时创新培养模式,推动国际商务人才更好地适应变革中的国际商务环境和时代要求。

在发展和创新中的中国，事实确实如此。培养大批高素质国际商务专业硕士人才已经成为众多高校人才培养的生动实践。它们走在人才培养理念和模式创新的道路上，进行了丰富而富有成效的工作，由此推动国内国际商务专业硕士人才培养规模不断扩大，学位点授予单位数量持续增加，培养质量不断提升，培养特色日益彰显，为国家社会经济的发展、国际商务工作的推进作出了应有的贡献。

作为国际商务专业硕士人才培养大军中的一员，北京第二外国语学院国际商务专业硕士学位授权点自批复之日起，就紧紧依托学校办学特色资源和优势，在保证培养质量，走差异化、特色化发展道路上不懈努力，取得了一定成绩。为了更好地提升办学水平，夯实培养基础，推动国际商务专业硕士培养相关课程的建设，依据培养方案，特别策划了本丛书，为国际商务专业硕士培养的案例教学开展创造更好的条件。

本丛书第一批涉及三门课程，是相关任课教师辛劳付出的结晶。同时也特别感谢中国金融出版社编辑的精心策划和帮助，使本丛书得以及时与各位读者见面。本丛书不当之处在所难免，希望各位读者能够不吝批评，以便日臻完善。

目录

第1章 证券发行与承销 ... 1
- 1.1 概述 ... 2
- 1.2 第一创业证券股份有限公司招股说明书摘要 ... 5
- 1.3 罗克佳华(科创板)招股说明书概况 ... 80
- 1.4 从来伊股份IPO定价看股票发行市场的低定价效率 ... 101

第2章 并购重组 ... 111
- 2.1 概述 ... 112
- 2.2 "三联集团"收购"郑百文" ... 117
- 2.3 "盈动"收购"香港电讯" ... 123
- 2.4 "清华同方"兼并"鲁颖电子" ... 130
- 2.5 "粤美的"MBO案例 ... 137
- 2.6 "胜利股份"MBO案例 ... 140

第 3 章 资产证券化案例分析 145
3.1 概述 146
3.2 "建元2005-1"产品（RMBS）...... 150
3.3 开元信贷资产支持证券 153
3.4 企业信贷资产证券化——中远集团资产证券化 160
3.5 "招商蛇口长租公寓第一期资产支持专项计划" 164
3.6 互联网金融资产证券化——阿里巴巴专项资产管理计划 ... 170

第 4 章 项目融资 181
4.1 概述 182
4.2 深圳沙角B电厂案例 189
4.3 中信公司在澳大利亚波特兰铝厂项目中的融资实例 195
4.4 欧洲迪斯尼乐园项目融资 203
4.5 泉州刺桐大桥项目融资 211

第 5 章 风险投资 219
5.1 概述 220
5.2 美国TTI公司获得风险投资过程分析 230
5.3 风险投资下的巨人成长——阿里巴巴的案例分析 237

第 1 章

证券发行与承销

本章学习目标

1. 熟悉证券发行的一般程序
2. 熟悉我国股票发行核准制和注册制的最新法规
3. 了解主板上市招股说明书的编制内容
4. 了解科创板上市招股说明书的编制内容
5. 熟悉股票发行的现行定价方法

1.1 概述

1.1.1 我国证券发行的管理制度

我国证券发行分为核准制和注册制两种基本发行管理制度。目前，科创板试点注册制。

一、核准制

核准制是指证券发行人不仅必须依法公开其发行证券的真实情况，而且该证券必须经证券主管部门审查符合条件才能获准发行。核准制遵循的是实质管理原则，它是在信息公开的基础上，把那些不符合条件的低质量证券拒之于证券市场之外。

证券主管部门审核证券发行条件一般包括：（1）发行主体的营业性质、管理人员的资格能力；（2）资本结构是否合理、稳健；（3）公开资料是否充分、真实，等等。核准制一般适合于证券市场处于发展初期、法律法规尚需健全、投资者结构不甚合理的国家或地区。

二、注册制

注册制是指证券发行者在准备发行证券时，必须将依法公开的各种资料完全、准确地向证券主管部门呈报并申请注册。注册制的实质是一种证券发行者的财务和经营信息公开制度，它要求发行者对所提供信息的真实性、可靠性承担法律责任。注册遵循的是公开原则，它并不禁止质量差、风险大的证券发行。

2019年3月1日，中国证券监督管理委员会发布《科创板首次公开发行股票注册管理办法（试行）》（证监会令〔第153号〕），我国科创板试点注册制正式施行。科创板试点注册制以信息披露为核心,从多个维度进行了制度探索,包括精简优化发行上市条件,坚持公开透明、可预期审核,建立市场化的发行承销制度等。企业发行上市的门槛降低了,信息披露质量提高了,发行上市可预期性更强了。注册制推行公开透明的审核问询,将审核规则、审核进度、审核内容、审核结果及时向市场公开,审核进度可预期。科创板同时实行全面电子化的审核,可能比境外市场更公开一些,这是一种后发优势。

1.1.2 股票发行与承销的核心工作

一般来说,投资银行参与股票IPO承销的一般流程如图1-1所示。

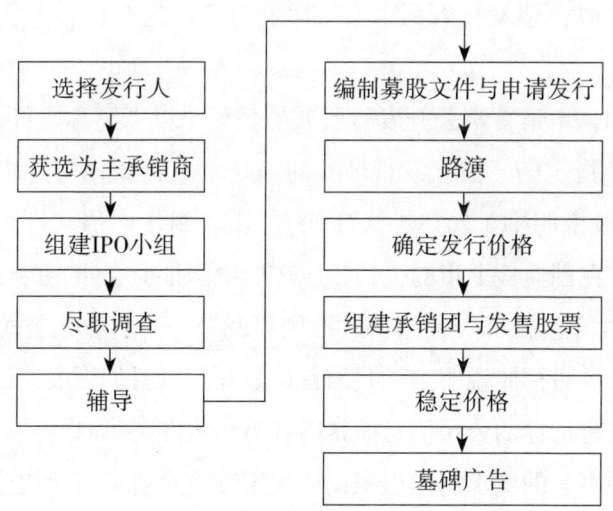

图1-1 投资银行股票承销业务的一般流程

一、招股说明书的制作

股票公开发行是一个相当复杂的过程,要准备大量的材料,需要许多中介机构及相关机构的参与。主承销必须协调好各有关机构的工作,以保证所有材料在规定时间内完成。在我国,这个过程至少要花费数月甚至一年以上的时间。在申请文件的目录中,招股说明书是最主要的募股文件。

招股说明书（Prospectus）是公司发行股票时就发行中的有关事项向公众作出披露，并向特定或非特定投资人提出购买或销售其股票的要约或邀请的法律文件。公司发售新股必须制作招股说明书，编制招股说明书是发行准备阶段的基本特征，它必须向所有潜在的投资者保证，这是充分公正的信息披露。在招股说明书的准备过程中，IPO小组中各成员有较明确的专业分工。一般是发行人的管理层在其律师的协助下负责招股说明书的非财务部分，作为承销商的投资银行负责股票承销合约，发行公司内部的会计师准备所有的财务数据，独立的会计师对财务账目的适当性提供咨询和审计。招股说明书各部分完成后，经IPO小组成员一起讨论修改，请发行人董事会表决通过后，送交证券监管机构登记备案。

在我国，申请首次公开发行股票的公司（以下简称发行人），应按中国证监会指定的《公开发行证券的公司信息披露内容与格式准则第1号——招股说明书（2015年修订）》的要求制作申请文件。首次公开发行股票并在创业板上市的公司，应按照中国证监会指定的《公开发行证券的公司信息披露内容与格式准则第28号——创业板公司招股说明书》的要求撰写招股说明书。我国首次公开发行科创板股票的公司，应按《公开发行证券的公司信息披露内容与格式准则第41号——科创板公司招股说明书》的要求制作申报稿。规定红筹企业申请首次公开发行股票或发行存托凭证并在科创板上市编制招股说明书时应同时遵循本准则以及《公开发行证券的公司信息披露编报规则第23号——试点红筹企业公开发行存托凭证招股说明书内容与格式指引》等规则的规定。

二、发行价格的确定

发行定价是IPO中最复杂的一件事，也是发行成功与否的最重要环节之一。要成功地对首次公开发行的股票进行定价，主承销商既要有丰富的定价经验，对发行人及其所属行业有深刻了解，又要对一级市场和二级市场上各类投资者的需求有准确的判断。

影响发行价格的因素主要包括经营业绩、发展潜力、发行数量、行业特点、股市状态。对拟发行股票的合理估值是定价的基础。通常的估值技术有可比公司法和贴现现金流量法两大类。

（一）可比公司法

可比公司法是指对股票进行估值时，对可比较的或者具有代表性的公司进行分析，尤其注意有着相似业务的公司的新近发行以及相似规模的其他新近的首次公开发行，以获得估值基础。在运用可比公司法定价时，可以采用比率指标进行比较，最常用的比率指标是市盈率和市净率。

（二）贴现现金流量法

可比公司法反映的是市场供求决定的股票价格，而贴现现金流量法体现的是股票内在绝对价值的价格。该法通过预测公司未来的现金流量，按照一定的贴现率计算公司每股的净现值，即发行价格。

1.2 第一创业证券股份有限公司招股说明书摘要[①]

1.2.1 案例背景

第一创业证券股份有限公司（以下简称公司或第一创业）前身是1993年4月成立的佛山证券公司。公司注册资本35.024亿元，法定代表

---

① 深证证券交易所. 第一创业：首次公开发行股票招股说明书摘要[EB/OL]. (2016-4-28) [2019-12-31] http://www.szse.cn/disclosure/listed/bulletinDetail/index.html?93e3d765-23c5-4240-b878-67421e1b7f5b.

人为刘学民，总部设在深圳，员工总数近4 000人。2016年5月11日，公司首次公开发行股票并在深圳证券交易所上市交易，证券简称"第一创业"，证券代码"002797"。截至2018年12月31日，公司总资产为335.64亿元，归属于上市公司股东的净资产为88.02亿元。2018年1—12月，公司实现营业收入17.70亿元，归属于上市公司股东的净利润为1.24亿元。

第一创业拥有齐全的证券业务牌照，经营范围涵盖证券经纪；证券投资咨询；与证券交易、证券投资活动有关的财务顾问；证券（不含股票、中小企业私募债券以外的公司债券）承销；证券自营；证券资产管理；证券投资基金代销；为期货公司提供中间介绍业务；融资融券；代销金融产品。公司还通过全资子公司第一创业证券承销保荐有限责任公司从事投资银行业务，通过全资子公司第一创业期货有限责任公司从事期货业务，通过全资子公司第一创业投资管理有限公司从事私募股权基金管理业务，通过全资子公司深圳第一创业创新资本管理有限公司从事股权投资、创新金融产品投资等另类投资业务，以及通过控股子公司创金合信基金管理有限公司开展基金管理业务。

1.2.2 第一创业证券股份有限公司招股说明书摘要

一、发行人声明

发行人及全体董事、监事、高级管理人员承诺招股说明书及其摘要不存在虚假记载、误导性陈述或重大遗漏，并对其真实性、准确性、完整性承担个别和连带的法律责任。公司负责人和主管会计工作的负责人、会计机构负责人保证招股说明书及其摘要中财务会计资料真实、完整。保荐人承诺因其为发行人首次公开发行股票制作、出具的文件有虚假记载、误导性陈述或者重大遗漏，给投资者造成损失的，将先行赔偿投资者损失。中国证监会、其他政府部门对本次发行所做的任何决定或意见，均不表明其对发行人股票的价值或投资者的收益作出实质性判断或者保证。任何与之相反的声明均属虚假不实陈述。

根据《证券法》的规定，股票依法发行后，发行人经营与收益的变化，由发行人自行负责，由此变化引致的投资风险，由投资者自行负责。投资者若对本招股说明书及其摘要存在任何疑问，应咨询自己的股票经纪人、律师、会计师或其他专业顾问。

二、重大事项提示

本公司特别提醒投资者注意本公司及本次发行的以下事项和风险：

（一）本次发行前股东所持股份的流通限制及股东对所持股份自愿锁定的承诺

本公司发行前股东按照《公司法》第一百四十二条的规定以及中国证监会、证券交易所等机构的监管规定对所持股份做出的锁定承诺期限如下表所示，股东均承诺在以下锁定期限内"不转让或者委托他人持有或管理其本次发行前持有的发行人股份，也不由发行人收购该部分股份"。实际锁定期限按照孰长原则执行。

根据《境内证券市场转持部分国有股充实全国社会保障基金实施办法》（财企〔2009〕94号）及《关于第一创业证券股份有限公司国有股转持的批复》（京国资产权〔2012〕102号）的规定，由本公司国有股东转由全国社会保障基金理事会持有的本公司国有股，全国社会保障基金理事会承继原国有股东的禁售义务。

股东名称	按中国证监会机构监管要求承诺的新增股权锁定期限	按《公司法》、证券交易所有关规定承诺的所持股份锁定期限
2009年11月20日受让一创有限股权的股东		
1. 福建省保诚合创担保有限公司 2. 汇智创业投资有限公司	自2009年11月20日起锁定48个月（已满）	自公司股票在证券交易所上市之日起锁定12个月
2010年1月19日受让一创有限股权的股东		
1. 厦门市有兴商贸有限公司 2. 海城大酒店有限公司 3. 深圳市红山河投资有限公司	自2010年1月19日起锁定48个月（已满）	自公司股票在证券交易所上市之日起锁定12个月
2010年7月2日受让一创有限股权的股东		
浙江航民实业集团有限公司	自2010年7月2日起锁定48个月（已满）	自公司股票在证券交易所上市之日起锁定36个月
2010年11月15日受让一创有限股权的股东		
深圳市红山河投资有限公司	自2010年11月15日起锁定48个月（已满）	自公司股票在证券交易所上市之日起锁定12个月

续表

股东名称	按中国证监会机构监管要求承诺的新增股权锁定期限	按《公司法》、证券交易所有关规定承诺的所持股份锁定期限
2011年8月3日增资的股东		
1. 华熙昕宇投资有限公司 2. 北京首都创业集团有限公司 3. 南海能兴（控股）集团有限公司 4. 浙江航民实业集团有限公司 5. 福州景科投资有限公司 6. 厦门市有兴商贸有限公司 7. 广州市黄埔龙之泉实业有限公司 8. 海城大酒店有限公司 9. 福建省保诚合创担保有限公司 10. 无锡通达进出口贸易有限公司 11. 北京太伟控股（集团）有限公司 12. 北京泰达瑞顿投资管理有限公司 13. 北京世纪创元投资有限公司 14. 水晶投资有限公司 15. 汇智创业投资有限公司 16. 美田利华集团有限公司 17. 深圳市泉来实业有限公司 18. 深圳市红山河投资有限公司 19. 佛山市顺德金纺集团有限公司 20. 北京瑞丰投资管理有限公司 21. 北京瀚成方泽投资有限公司 22. 富丽达集团控股有限公司 23. 北京中和嘉华投资有限公司 24. 北京正联投资有限公司 25. 广东新中源陶瓷有限公司 26. 江西康富置业有限公司 27. 北京嘉润永利投资有限公司 28. 上海国联投资有限公司 29. 中国华海融资担保有限公司 30. 广州市金泉投资有限公司	自2011年8月3日起锁定48个月（已满）	华熙昕宇投资有限公司、北京首都创业集团有限公司、南海能兴（控股）集团有限公司、浙江航民实业集团有限公司所持股份自公司股票在证券交易所上市之日起锁定36个月，其他股东所持股份自公司股票在证券交易所上市之日起锁定12个月

续表

股东名称	按中国证监会机构监管要求承诺的新增股权锁定期限	按《公司法》、证券交易所有关规定承诺的所持股份锁定期限
2011年11月3日受让一创有限股权的股东		
1. 福州景科投资有限公司 2. 深圳市仟叶汇融投资有限公司 3. 深圳市赫利丰原商贸有限公司 4. 北京永信国际投资（集团）有限公司 5. 福建通明投资有限公司 6. 太原市宝瑞达房地产开发有限公司 7. 福建省康英医药有限公司	自2011年11月3日起锁定48个月（已满）	自公司股票在证券交易所上市之日起锁定12个月
其他股东（申请IPO上市监管意见书前三年内未增持的股东）		
1. 深圳市则天行投资发展有限公司 2. 西安保德信投资发展有限责任公司 3. 深圳市鑫隆生投资有限公司 4. 广东华旭升贸易有限公司	申请IPO上市监管意见书前三年内未增持股权，无锁定要求	自公司股票在证券交易所上市之日起锁定12个月

（二）稳定股价预案

公司上市后三年内，若公司股价持续低于每股净资产，将通过公司回购股票的方式稳定股价。公司回购应当符合当时有效的相关法律法规的要求，且不应导致公司股权分布不符合上市条件。

1. 稳定股价的启动条件

公司上市后三年内，公司股票连续20个交易日的收盘价均低于公司最近一期经审计的每股净资产（最近一期审计基准日后，因利润分配、资本公积金转增股本、增发、配股等情况导致公司净资产或股份总数出现变化的，每股净资产相应进行调整，下同）。

2. 稳定股价的目标

公司股票连续5个交易日的收盘价均高于公司最近一期经审计的每股净资产。

3. 稳定股价的期间

首次启动条件满足之日起的连续十二个月为一个稳定股价期间。上一个稳定股价期间结束后,启动条件再次满足之日起的连续十二个月为下一个稳定股价期间。任何一个稳定股价期间的结束时间均不超过公司上市后三年。

4. 公司回购股票的实施程序

公司董事会将在稳定股价期间的第一次启动条件满足之日起的五个交易日内制订本稳定股价期间回购股票的具体方案并发出召开董事会会议的通知,在履行完毕相关内部决策程序和外部审批/备案程序(如需)后,公司将在时间为90个自然日的实施期内实施。

实施期内,公司将通过集中竞价、要约方式或证券监督管理部门认可的其他方式回购公司社会公众股份。公司回购股票的资金为自有资金,回购价格不高于公司最近一期经审计的每股净资产。出现下列情况之一的,实施期提前结束:(1)稳定股价的目标达成;(2)稳定股价期间内,公司用于回购股票的资金金额已经达到上一个会计年度经审计的归属于母公司所有者净利润的50%。如果实施期没有提前结束,在该实施期内用于回购股票的资金金额不低于1 000万元。

实施期结束后,如果启动条件再次满足,则自动进入下一个实施期,但下述情况除外:稳定股价期间内,公司用于回购股票的资金金额已经达到上一个会计年度经审计的归属于母公司所有者净利润的50%。

公司全体董事承诺:

(1)本人已了解并知悉关于稳定第一创业证券股份有限公司股价的预案的全部内容。

(2)本人承诺,在公司就回购股份事宜召开的董事会上,将对公司承诺的回购股份方案的相关决议投赞成票。

（3）本人将严格履行上述承诺，无论发生任何违反行为包括放弃参会、投反对票或弃权票等，均应视为投赞成票。

自公司上市之日起三年内，若公司新聘任董事的，公司将要求该等新聘任的董事履行公司上市时董事已做出的相应承诺。

本次公开发行前持股5%以上的股东华熙昕宇、首创集团、南海能兴、航民集团承诺："若第一创业上市三年内股价低于每股净资产，第一创业根据上述议案召开股东大会审议回购股份议案时，本公司将积极出席会议并投赞成票。本公司将严格履行该项承诺，无论发生任何违反行为包括放弃参会、投反对票或弃权票等，均应视为投赞成票。"

5. 未履行稳定公司股价措施的约束措施

在触发启动股价稳定措施的条件时，公司将根据证券监管机构、自律机构及证券交易所等有权部门颁布的相关法律法规及规范性文件的要求，以及有关稳定股价预案的内容，严格执行有关回购股票以稳定股价事项。如公司未采取上述稳定股价的具体措施，公司将在股东大会及中国证监会指定报刊上公开说明未采取上述稳定股价措施的具体原因并向股东和社会公众投资者道歉。

（三）关于招股说明书信息披露的承诺

发行人承诺：如公司IPO招股说明书存在虚假记载、误导性陈述或者重大遗漏，对判断本公司是否符合法律规定的发行条件构成重大、实质影响的，本公司将在中国证监会认定有关违法事实后30天内依法回购首次公开发行的全部新股，回购价格不低于其发行价格与银行同期活期存款利息之和。

发行人全体董事、监事和高级管理人员承诺："如公司首次公开发行A股股票并上市的招股说明书存在虚假记载、误导性陈述或者重大遗漏，致使投资者在证券交易中遭受损失的，将依法赔偿投资者损失，但是能够证明自己没有过错的除外。若违反上述承诺,将停止自公司处领取薪酬。上述承诺不因职务变换或离职而改变或导致无效。"

保荐机构招商证券股份有限公司承诺:"因其为发行人首次公开发行股票制作、出具的文件有虚假记载、误导性陈述或者重大遗漏,给投资者造成损失的,将先行赔偿投资者损失。"

保荐机构—创摩根承诺:"因其为发行人首次公开发行股票制作、出具的文件有虚假记载、误导性陈述或者重大遗漏,给投资者造成损失的,将先行赔偿投资者损失。"

发行人会计师、验资机构立信会计师事务所承诺:"本事务所为发行人首次公开发行A股股票并上市制作、出具的文件信息真实有效,无重大遗漏。若因为本事务所的过错,证明本事务所为发行人首次公开发行制作、出具的文件有虚假记载、误导性陈述或者重大遗漏,给投资者造成损失的,本事务所将依法与发行人及其他中介机构承担连带赔偿责任。"

发行人律师承诺:"本所承诺为发行人首次公开发行A股股票并上市制作、出具的文件信息真实有效,无重大遗漏。若因为发行人首次公开发行制作、出具的文件有虚假记载、误导性陈述或者重大遗漏,给投资者造成损失的,本所将依法赔偿投资者损失,但是能够证明自己没有过错的除外。"

发行人资产评估机构银信资产评估有限公司承诺:"本公司承诺为发行人首次公开发行A股股票并上市制作、出具的文件信息真实有效,无重大遗漏。若因为发行人首次公开发行制作、出具的文件有虚假记载、误导性陈述或者重大遗漏,给投资者造成损失的,本公司将依法赔偿投资者损失,但是能够证明自己没有过错的除外。"

(四)关于首次公开发行摊薄即期回报的相关情况分析

1. 本次发行对摊薄即期回报的影响

本次发行前,公司总股本为197 000万股。本次拟发行股票21 900

万股，发行完成后公司总股本将增至218 900万股，较发行前增加11.12%。考虑到本次发行募集资金到位时间，以及募集资金到位后新增资产的运用效益不一定能立即取得原有资产的运用效益，不考虑除本次发行并募集资金之外的其他因素对公司基本每股收益和摊薄每股收益的影响，相较于发行前年度，本次发行年度的基本每股收益和摊薄每股收益都可能出现一定程度的下降，即本次发行可能摊薄公司的即期回报。

2. 摊薄即期回报后采取填补措施

（1）巩固并拓展公司业务，提升公司持续盈利能力

本次发行完成后，公司资产负债率及财务风险将有所降低，公司资本实力和抗风险能力将进一步加强，从而保障公司稳定运营和长远发展，符合股东利益。随着本次发行完成后公司资金实力的进一步提升，公司将进一步提高市场竞争力，提升公司业务的市场占有率，提升公司盈利能力，为股东带来持续回报。

（2）加强经营管理和内部控制，提升经营效率

公司将进一步加强内控体系建设，完善并强化投资决策程序，合理运用各种融资工具和渠道控制资金成本，提高资金使用效率，节省公司的各项费用支出，全面有效地控制公司经营和管理风险。

（3）加强对募集资金的管理，保证募集资金合规、有效使用

为规范公司募集资金的使用与管理，提高募集资金使用效率，公司制定了《第一创业证券股份有限公司募集资金管理办法》等内控管理制度。公司将定期检查和披露募集资金使用情况，保证募集资金合规、有效使用。

（4）进一步推进公司盈利模式的多元化，增强公司综合竞争力

公司应强化各项业务的均衡发展，为此，公司要在加强传统业务竞争力的同时，积极拓展新的业务领域和利润来源，在安排整体业务规模以及在各项业务开展过程中根据自身的实际情况对各种经营资源和盈

利要素进行有效的组合和合理分配,加强各业务之间的联系,落实客户服务协同机制的建设。

(5)加强人才队伍建设,积蓄发展活力

进一步完善绩效考核制度,建立更为有效的用人激励和竞争机制。建立科学合理和符合实际需要的人才引进和培训机制,建立科学合理的用人机制,树立德才兼备的用人原则,搭建市场化人才运作模式。

(6)不断完善公司治理,为公司发展提供制度保障

公司将严格遵循《中华人民共和国公司法》《中华人民共和国证券法》《上市公司治理准则》等法律、法规和规范性文件的要求,不断完善公司治理结构,确保股东能够充分行使权利,确保董事会能够按照法律、法规和《公司章程》的规定行使职权,做出科学、迅速和谨慎的决策,确保独立董事能够认真履行职责,维护公司整体利益,尤其是中小股东的合法权益,确保监事会能够独立有效地行使对董事、经理和其他高级管理人员及公司财务的监督权和检查权,为公司发展提供制度保障。

(7)强化风险管理措施

公司将持续加强全面风险管理体系建设,不断提高信用风险、市场风险、操作风险、流动性风险等领域的风险管理能力,加强重点领域的风险防控,持续做好重点领域的风险识别、计量、监控、处置和报告,全面提高公司的风险管理能力。

(8)保持稳定的股东回报政策

公司在《公司章程》中明确了现金分红政策和现金分红比例等事宜,规定正常情况下本公司现金方式分配利润的最低比例,便于投资者形成稳定的回报预期。公司高度重视保护股东权益,将继续保持利润分配政策的连续性和稳定性,坚持为股东创造长期价值。

3. 持股5%以上股东、董事和高级管理人员的承诺

本次公开发行前持股5%以上股东华熙昕宇、首创集团、南海能兴、航民集团承诺如下:

华熙昕宇、南海能兴、航民集团承诺："作为第一创业证券股份有限公司（以下简称公司）的主要股东，本公司谨此对公司及其股东承诺：不越权干预公司经营管理活动，不侵占公司利益。作为填补回报措施相关责任主体之一，若本公司违反上述承诺或拒不履行上述承诺，本公司同意按照中国证监会和深圳证券交易所等证券监管机构按照其制定并发布的有关规定、规则，对本公司作出处罚或采取相关管理措施。"

首创集团承诺："本公司系第一创业证券股份有限公司（以下简称公司）的主要股东，同意公司对首次公开发行股票导致即期回报摊薄采取的填补回报措施，本公司谨此对公司及其股东承诺：不越权干预公司经营管理活动，不侵占公司利益。若本公司违反上述承诺或拒不履行上述承诺，本公司同意按照中国证监会和深圳证券交易所等证券监管机构按照其制定并发布的有关规定、规则，对本公司作出处罚或采取相关管理措施。"

全体董事和高级管理人员承诺：不无偿或以不公平条件向其他单位或者个人输送利益，也不采用其他方式损害公司利益；对包括本人在内的董事和高级管理人员的职务消费行为进行约束；不动用公司资产从事与本人履行职责无关的投资、消费活动；董事会或其薪酬与考核委员会制订薪酬制度时，提议（如有权）并支持薪酬制度与公司填补回报措施的执行情况相挂钩，并在董事会投票（如有投票权）赞成薪酬制度与公司填补回报措施的执行情况相挂钩的相关议案；如公司未来实施股权激励方案，承诺未来股权激励方案的行权条件将与公司填补回报措施的执行情况相挂钩。作为填补回报措施相关责任主体之一，若本人违反上述承诺或拒不履行上述承诺，本人同意按照中国证监会和深圳证券交易所等证券监管机构制定并发布的有关规定、规则，对本人作出处罚或采取相关管理措施。

（五）本次公开发行前持股5%以上股东的持股意向

本次公开发行前持股5%以上股东华熙昕宇、首创集团、南海能兴、航民集团承诺如下：

华熙昕宇承诺："本公司所持股票在锁定期满后两年内减持的比例不超过第一创业发行上市时本公司持有第一创业股份总数的25%，且减持价格不低于每股净资产；本公司在锁定期满后两年内进行减持时，将提前三个交易日通知第一创业并予以公告，减持股份应符合相关法律法规及证券交易所规则要求；减持方式包括二级市场集中竞价交易、大宗交易、协议转让等证券交易所认可的合法方式；减持股份行为的期限为减持计划公告后六个月内（含六个月期满当日），减持期限届满后，若拟继续减持股份，则需按照上述安排再次履行减持公告。本公司承诺，除因不可抗力原因导致未能履行外，若本公司违反该项承诺，将在第一创业股东大会及中国证监会指定的披露媒体上公开说明未履行的具体原因并向股东和社会公众投资者道歉。"

首创集团承诺："本公司所持股票在锁定期满后两年内减持的比例不超过第一创业发行上市时本公司持有第一创业股份总数的25%，且减持价格不低于每股净资产；本公司在锁定期满后两年内进行减持时，将提前三个交易日通知第一创业并予以公告，减持股份应符合相关法律法规及证券交易所规则要求；减持方式包括二级市场集中竞价交易、大宗交易、协议转让等证券交易所认可的合法方式；减持股份行为的期限为减持计划公告后六个月内（含六个月期满当日），减持期限届满后，若拟继续减持股份，则需按照上述安排再次履行减持公告。本公司承诺，除因不可抗力原因导致未能履行外，若本公司违反该项承诺，将在第一创业股东大会及中国证监会指定的披露媒体上公开说明未履行的具体原因并向股东和社会公众投资者道歉。"

南海能兴承诺："本公司所持股票在锁定期满后两年内减持的比例不超过第一创业发行上市时本公司持有第一创业股份总数的50%，且减持价格不低于每股净资产；本公司在锁定期满后两年内进行减持时，将提前三个交易日通知第一创业并予以公告，减持股份应符合相关法律法规及证券交易所规则要求；减持方式包括二级市场集中竞价交易、大宗交易、协议转让等证券交易所认可的合法方式；减持股份行为的期限为减持计划公告后六个月内（含六个月期满当日），减持期限届满后，若拟继续减持股份，则需按照上述安排再次履行减持公告。本公司承诺，除因不可抗力原因导致未能履行外，若本公司违反该项承诺，将在第一创业股东大会及中国证监会指定的披露媒体上公开说明未履行的具体原因并向股东和社会公众投资者道歉。"

航民集团承诺："本公司所持股票在锁定期满后两年内减持的比例不超过第一创业发行上市时本公司持有第一创业股份总数的50%，且减持价格不低于每股净资产；本公司在锁定期满后两年内进行减持时，将提前三个交易日通知第一创业并予以公告，减持股份应符合相关法律法规及证券交易所规则要求；减持方式包括二级市场集中竞价交易、大宗交易、协议转让等证券交易所认可的合法方式；减持股份行为的期限为减持计划公告后六个月内（含六个月期满当日），减持期限届满后，若拟继续减持股份，则需按照上述安排再次履行减持公告。本公司承诺，除因不可抗力原因导致未能履行外，若本公司违反该项承诺，将在第一创业股东大会及中国证监会指定的披露媒体上公开说明未履行的具体原因并向股东和社会公众投资者道歉。"

（六）关于承诺履行的约束措施

发行人承诺："本公司将严格履行本公司就IPO所作出的所有公开承诺事项，积极接受社会监督。除因不可抗力原因导致未能履行公开承诺事项外，若本公司违反相关承诺，需接受如下约束措施：在本公司股东大会及中国证监会指定的披露媒体上公开说明未履行的具体原因并向本公司股东和社会公众投资者道歉；对本公司该等未履行承诺的行为负有个人责任的董事、监事、高级管理人员停发薪酬；因未履行招股说明书的公开承诺事项，给投资者造成损失的，本公司将向投资者依法承担赔偿责任。"

本次公开发行前持股5%以上股东承诺:"本公司将严格履行为第一创业IPO所作出的所有公开承诺事项,积极接受社会监督。除因不可抗力原因导致未能履行公开承诺事项外,若本公司违反相关承诺,需接受如下约束措施:在第一创业股东大会及中国证监会指定的披露媒体上公开说明未履行的具体原因并向股东和社会公众投资者道歉;在违反行为纠正前,不得转让所持有的第一创业的股份。因继承、被强制执行、上市公司重组、为履行保护投资者利益承诺等必须转股的情形除外;在违反行为纠正前,暂不领取第一创业分配利润中归属于本公司的部分。"

发行人全体董事、监事及高级管理人员承诺:"本人将严格履行本人为公司IPO所作出的所有公开承诺事项,积极接受社会监督。除因不可抗力原因导致未能履行公开承诺事项外,若本人违反相关承诺,需接受如下约束措施:在公司股东大会及中国证监会指定报刊上公开说明未履行的具体原因并向公司股东和社会公众投资者道歉;停止在公司领取薪酬;如果因未履行相关承诺事项而获得收益的,所获收益归公司所有,并在获得收益的5个工作日内将所获收益支付给公司指定账户。"

(七)本公司特别提醒投资者注意"风险因素"中的下列风险

1. 市场周期性变化造成的盈利大幅波动风险

我国证券公司的盈利状况与证券市场行情走势相关性较强,如果证券市场行情走弱,证券公司的证券经纪、投资银行、自营与交易和资产管理等主要业务的经营难度将会增大,盈利水平可能受到较大影响。而我国证券市场行情又受到国民经济发展状况、宏观经济政策、财政政策、货币政策、行业发展状况以及国际证券市场行情等诸多因素影响,存在一定的周期性。因此,证券公司存在因证券市场周期性变化而导致收入和利润大幅波动的风险。

我国证券市场作为新兴市场,市场发展尚不成熟,市场波动较大。以上证指数为例,2008年,受国际金融危机影响,我国经济增长速度放缓,股票市场大幅下挫,至2008年10月28日,上证指数最低跌至1 664.93点。2009年，在我国政府采取积极的财政政策和适度宽松的货币政策的作用下，我国经济基本面整体好转，股票市场逐渐回升，上证指数于2009年底达到3 277.14点，较之2008年底上涨了79.98%。2010年至今，国际金融危机造成的影响仍未消退，发达经济体经济增长放缓以及欧洲主权债务危机的持续发酵加大了市场对全球经济未来发展的担忧，同时，我国经济环境的变化也加剧了市场对国内经济未来发展的担忧，我国股票市场也出现较大幅度调整，上证指数从2010年初开始震荡下滑，2010年底收盘报2 808.08点，同比下跌14.31%。2011年底收盘报2 199.42点，同比下跌21.68%。2012年上证指数震荡调整，年底收盘报2 269.13点，同比上升3.17%。

报告期内，上证指数波动较大，2013年底上证指数收盘报2 115.98点，同比下跌6.75%；2014年底，上证指数收盘报3 234.68点，较2013年底增长52.87%，截至2015年12月31日，上证指数收盘报3 539.18点，较2014年底增长9.41%。

证券市场情况直接影响证券公司的经营业绩。报告期内，根据中国证券业协会统计，2013年度证券行业盈利能力有所改善，全行业累计实现净利润440.21亿元，较2012年度增长33.68%，实现盈利的证券公司家数由2012年的99家增加至104家；2014年度，全行业累计实现净利润965.54亿元，较2013年度上涨119.34%，119家证券公司实现盈利。2015年度，全行业累计实现净利润2 447.63亿元，较2014年上涨153.50%，124家证券公司实现盈利。报告期内证券行业利润水平波动明显，主要是受证券经纪业务（含融资融券）等变动的影响。

受证券市场周期性变化以及发行人自身收入结构中固定收益业务占比较大的影响，本公司的经营业绩亦相应发生变动。根据立信会计师事务所出具的审计报告，2013年度、2014年度和2015年度，本公司营业收入分别为103 172.34万元、185 895.18万元和301 016.16万元，归属于母公司所有者的净利润分别为16 277.42万元、50 816.62万元和

102 127.27万元。总体来说，本公司各项业务收入波动与证券市场周期性变化以及自身收入结构关系密切，未来存在本公司盈利水平随我国证券市场周期性变化而大幅波动的风险，波动幅度甚至可能超过50%。

2. 固定收益业务风险

固定收益业务是本公司的主要业务之一，主要包括债券销售（国债、央行票据、政策性金融债、中期票据、短期融资券等固定收益产品的销售）和债券及相关衍生品的交易。2013年度、2014年度和2015年度，本公司的固定收益业务分别实现收入19 100.38万元、83 412.97万元和76 226.32万元，占本公司总收入的比例为18.51%、44.87%和25.32%。

相对于权益类证券，固定收益产品的风险较小，但其市场价格也随着市场利率变化、货币供给情况、发行者资信情况而产生波动。公司可能因对这些变化趋势或时点判断失误而出现投资损失。同时，固定收益产品还可能面临流动性风险，如果公司所投资的固定收益产品出现违约预期而公司不能在短期内以合理的价格出售该产品，则可能面临较大的损失。

固定收益产品销售依赖于公司长期积累的客户群，如果公司不能很好地维护客户群，则固定收益产品销售规模和盈利会下降。同时，固定收益产品销售也存在交易对手风险、失当承诺风险、操作风险等。

3. 投资银行业务风险

投资银行业务为本公司的主要业务之一，主要包括股权融资、债权及结构化融资、相关财务顾问。2013年度、2014年度和2015年度本公司投资银行业务收入分别为24 837.92万元、26 051.16万元和25 235.45万元，占本公司总收入的比例为24.07%、14.01%和8.38%。

目前本公司投资银行业务主要通过控股子公司—创摩根开展。一创摩根系公司于2011年5月与摩根大通设立的合资子公司。投资银行业务受监管政策、发行节奏和二级市场行情的影响较大，业务收入存在一定的不确定性。此外，还存在由于公司对市场情况的判断出现偏差、对发行方案设计不合理或发行时机选择不恰当等原因而导致出现发行失败或大比例包销的风险。

4. 资产管理业务风险

本公司资产管理业务自2009年以来发展迅速。2009年，本公司发行了第一只集合资产管理计划——创业1号安心回报。截至2015年12月31日，本公司发行成立并尚在存续期中的集合资产管理计划、定向资产管理计划和专项资产管理计划分别有39只、217只和2只。创金合信于2014年9月19日设立了第一只产品——创金合信金睿2号。截至2015年12月31日，创金合信设立并尚在存续期的产品有103只，其中特定客户资产管理计划96只，证券投资基金7只。2013年度、2014年度和2015年度，本公司资产管理业务收入分别为24 231.00万元、34 681.41万元和48 780.17万元，占营业收入的比重分别为23.49%、18.66%和16.21%。

本公司为客户设定的资产组合方案可能会由于投资决策失误、市场波动等原因无法达到预期收益，影响客户对公司资产管理业务的认可程度，从而导致本公司资产管理规模的降低，进而影响公司的收益。此外，本公司资产管理产品还面临来自其他证券公司资产管理产品以及基金公司、保险公司、信托公司、银行等金融机构类似产品的激烈竞争，若公司不能在产品设计、市场推广、投资绩效、客户服务等方面保持竞争能力，则可能影响公司资产管理业务的进一步拓展。

公司发行的集合资产管理产品可能会因为合同的变更转为不收取业绩报酬的产品。公司所获得的收益可能大幅减少，可能对公司资产管理业务收入增长带来不利影响。

5. 证券经纪业务风险

证券经纪业务是本公司的主要业务之一。2013年度、2014年度和2015年度，公司经纪业务收入为24 998.55万元、36 495.83万元和105 093.84万元，占公司总收入比例为24.23%、19.63%和34.91%。

本公司证券经纪业务收入受佣金水平和交易量影响较大。随着证券公司经纪业务竞争的日趋激烈以及证券交易方式、投资者结构的变化以及互联网金融的发展，经纪业务佣金费率可能持续下滑。2013年度、2014年度和2015年度，本公司的平均佣金费率水平分别为0.72‰、0.63‰和0.36‰。未来随着竞争环境的变化，本公司佣金率仍存在进一步下降的可能。

目前我国证券市场客户交易偏好受指数涨跌影响较大，市场股票成交金额随证券市场行情变化而出现波动。根据中国证监会统计，2013年、2014年度和2015年度，市场股票成交金额分别为468 728.60亿元、743 912.98亿元和2 550 538.29亿元。同期本公司代理买卖证券业务交易金额分别为6 142.95亿元、11 142.09亿元和29 091.49亿元。除市场因素外，证券营业部的数量和规模也是影响公司经纪业务交易金额的重要因素。截至招股说明书签署日，公司证券营业部数量为35家，较行业领先者差距较大。35家营业部中，28家为2010年以来新设营业部，大部分的新设营业部尚处于业务开拓时期。若新设营业部业务开展不稳定，将对本公司经纪业务的盈利带来不利影响。

6. 行业激烈竞争的风险

我国证券市场正处于发展阶段，行业竞争十分激烈。截至2015年12月31日，我国共有证券公司125家。同时，由于我国证券市场发展时间尚短，证券公司主要业务仍然由传统的证券经纪、自营投资、投资银行、资产管理等构成，业务同质化现象比较严重。虽然部分证券公司通过兼并收购、股东增资、发行上市等方式增强了资本实力，但总体而言，目前我国尚未出现业务规模、业务能力都具有绝对竞争优势的证券公司，行业竞争仍然激烈。此外，随着我国逐步履行证券行业对外开放的承诺，境外金融机构对国内市场的参与程度将进一步加深、外资机构境内业务经营领域将进一步扩大，这也将加剧国内证券市场的竞争。

同时，随着各种创新类业务品种及模式的推出，商业银行、保险公司和其他非银行金融机构也在向证券公司业务领域渗透。这些企业具备规模优势、客户优势或互联网等新兴渠道营销优势，对包括本公司在内的证券公司也形成了一定程度的竞争压力。

（八）本次发行上市后公司的股利分配政策和现金分红比例规定

根据《公司章程（草案）》及《第一创业证券股份有限公司未来分红回报规划（草案）》，本次发行上市后公司股利分配政策如下：

1. 股利分配原则：公司实行持续、稳定的股利分配政策，公司的股利分配应重视对投资者的合理投资回报并兼顾公司的可持续发展。

2. 股利分配的形式：公司采用现金、股票以及现金与股票相结合的方式分配股利，在公司盈利、符合净资本等监管要求及公司正常经营和长期发展的前提下，公司应当优先采取现金方式分配股利，且公司每年以现金方式分配的利润不少于当年实现的可供分配利润的20%。公司董事会应当综合考虑所处行业特点、发展阶段、自身经营模式、盈利水平以及是否有重大资金支出安排等因素，区分下列情形，并按照《公司章程》规定的程序，提出差异化的现金分红政策：公司发展阶段属成熟期且无重大资金支出安排的，进行利润分配时，现金分红在本次利润分配中所占比例最低应达到80%；公司发展阶段属成熟期且有重大资金支出安排的，进行利润分配时，现金分红在本次利润分配中所占比例最低应达到40%；公司发展阶段属成长期且有重大资金支出安排的，进行利润分配时，现金分红在本次利润分配中所占比例最低应达到20%。

公司发展阶段不易区分但有重大资金支出安排的，按照第（3）项规定处理。"现金分红在本次利润分配中所占比例"指现金股利除以现金股利与股票股利之和。具体每个年度的分红比例由董事会根据公司年度盈利状况和未来资金使用计划提出预案。

3. 股利分配顺序：公司弥补上一年度亏损、提取法定公积金、一般风险准备、交易风险准备、任意公积金后可分配红利。

4. 股利分配时间间隔：公司董事会可以根据公司盈利及资金需求情况提议公司进行中期现金分红。

5. 发放股票股利的条件：公司发放股票股利应注重股本扩张与业绩增长保持同步，公司在面临净资本约束或现金流不足时可考虑发放股票股利。

6. 首次公开发行并上市后三年内分红回报规划：公司首次公开发行并上市后三年内（含发行当年），每年以现金方式分配的利润不少于当年实现的可供分配利润的百分之二十。

上述股利分配政策已于2014年3月28日经公司2013年度股东大会决议通过。

关于公司股利分配政策的具体内容，请参见本招股说明书"第十五节 股利分配政策"。

（九）本次发行前滚存未分配利润的分配方案

公司于2012年4月26日召开2011年度股东大会，审议通过了本次发行前滚存利润的分配方案，同意公司首次公开发行股票完成前滚存的未分配利润，全部由发行后新老股东按各自持股比例共享。请投资者对发行人的上述事项予以特别关注，并仔细阅读本招股说明书及摘要中"风险因素"等有关章节。

（十）财务报告审计截止日后公司经营状况及2016年1—3月业绩情况

公司最近一期审计报告的审计截止日为2015年12月31日。财务报告审计截止日后，公司主营业务和经营模式未发生重大不利变化，公司在税收政策等其他可能影响投资者判断的重大事项方面未发生重大变化。

受资本市场波动的影响，预计公司2016年1—3月营业收入和扣除非经常性损益后归属于母公司股东的净利润与上年同期相比将出现较大变化。2016年1—3月营业收入相比上年同期的变动幅度为-68%～-42%，扣除非经常性损益后归属于母公司股东的净利润相比上年同期的变动幅度为-77%～-45%。受资本市场波动的影响，公司2016年度营业利润、净利润可能较2015年度下降50%以上。

三、本次发行概况

（一）股票种类：境内上市人民币普通股（A股）

（二）每股面值：1.00元

（三）发行股数：2.19亿股，占发行后总股本的10.00%

（四）每股发行价格：10.64元，按照《证券发行与承销管理办法》规定的定价方式或国家有关部门规定的其他方式定价

（五）发行后每股收益：0.4628元，按照本公司发行前一年经审计的扣除非经常性损益前后孰低的归属于母公司所有者的净利润除以本次发行后总股本计算

（六）发行市盈率：22.99倍，按照每股发行价格除以发行后每股收益计算

（七）发行前每股净资产：3.12元，按照本公司2015年12月31日经审计的归属于母公司所有者权益除以本次发行前总股本计算

（八）发行后每股净资产：3.83元，按照本公司2015年12月31日经审计的归属于母公司所有者权益和本次募集资金净额合计数除以发行后总股本计算

（九）发行市净率：2.78倍，按照每股发行价格除以发行后每股净资产计算

（十）发行方式：采用向参与网下配售的询价对象配售与网上市值申购定价发行相结合的方式或国家有关部门规定的其他方式

（十一）发行对象：符合资格的询价对象和在中国证券登记结算有限责任公司开设A股股东账户的境内自然人、法人等投资者（国家法律、法规禁止购买者除外）

（十二）承销方式：由主承销商组织的承销团以余额包销的方式承销

（十三）发行费用概算：本次发行费用总额为9 623.01万元，其中保荐及承销费用8 388.58万元；审计和验资费用394.00万元；律师费用225.00万元；信息披露费用385.00万元；发行手续费用230.43万元

（十四）拟申请上市证券交易所：深圳证券交易所

四、发行人基本情况

（一）发行人的基本资料

中文名称：第一创业证券股份有限公司

英文名称：First Capital Securities Co. Ltd.

注册资本：19.7亿元

实收资本：19.7亿元

法定代表人：刘学民

股份公司成立日期：2012年3月22日

住所：深圳市福田区福华一路115号投行大厦20楼

经营范围：证券经纪；证券投资咨询；与证券交易、证券投资活动有关的财务顾问；证券（不含股票、中小企业私募债券以外的公司债券）承销；证券自营；证券资产管理；融资融券；证券投资基金代销；为期货公司提供中间介绍业务；代销金融产品。

（二）发行人历史沿革及改制重组情况

1. 本公司简要历史沿革

本公司由一创有限整体变更设立，一创有限的前身为佛山证券公司。1992年11月，中国人民银行出具《关于成立佛山证券公司的批复》（银复〔1992〕608号），同意成立佛山证券公司。1993年4月，佛山证券公司领取了核发的企业法人营业执照，注册资金为1 000.00万元。1997年12月，经中国人民银行批准，佛山证券公司与中国人民银行脱钩改制并增资扩股，同时更名为"佛山证券有限责任公司"。1998年1月，佛山证券领取了核发的企业法人营业执照，注册资本增至8 000.00万元。2002年4月，中国证监会核准佛山证券增资扩股，注册资本由80 000 000.00元增至747 271 098.44元，同时更名为"第一创业证券有限责任公司"。2002年7月，一创有限领取了核发的企业法人营业执照。2008年8月，中国证监会核准一创有限增资扩股，注册资本由

747 271 098.44元增加至1 590 000 000.00元。2008年9月，一创有限领取了核发的企业法人营业执照。2011年8月，中国证监会核准一创有限增资扩股，注册资本由15.9亿元增至19.7亿元。2011年8月，一创有限领取了核发的企业法人营业执照。2012年2月，中国证监会核准一创有限变更为股份有限公司，一创有限以2011年9月30日经审计后的公司净资产为基数折股整体变更为本公司，注册资本为19.7亿元。2012年3月，本公司领取了核发的企业法人营业执照。

2. 发起人及其投入资产的内容

本公司由一创有限整体变更设立，改制前后的股东结构和主要资产均未发生实质变化。本公司拥有经营证券业务的相关资产，包括但不限于经营证券业务所需的房屋等固定资产以及交易席位等无形资产。

各发起人在公司设立时的持股情况如下：

序号	股东名称	持股数量（股）	持股比例（%）
1	华熙昕宇投资有限公司	337 324 000.00	17.12
2	北京首都创业集团有限公司	312 329 000.00	15.85
3	南海能兴（控股）集团有限公司	185 834 000.00	9.43
4	浙江航民实业集团有限公司	154 482 366.14	7.84
5	福州景科投资有限公司	82 760 994.06	4.20
6	厦门市有兴商贸有限公司	82 186 591.54	4.17
7	广州市黄埔龙之泉实业有限公司	74 910 000.00	3.80
8	海城大酒店有限公司	68 680 000.00	3.49
9	福建省保诚合创担保有限公司	50 000 000.00	2.54
10	无锡通达进出口贸易有限公司	37 493 000.00	1.90

续表

序号	股东名称	持股数量（股）	持股比例（%）
11	北京太伟控股（集团）有限公司	37 493 000.00	1.90
12	北京泰达瑞顿投资管理有限公司①	37 493 000.00	1.90
13	北京世纪创元投资有限公司	37 493 000.00	1.90
14	水晶投资有限公司	37 493 000.00	1.90
15	深圳市则天行投资发展有限公司	35 000 000.00	1.78
16	深圳市仟叶汇融投资有限公司	33 317 774.62	1.69
17	深圳市赫利丰原商贸有限公司	30 000 000.00	1.52
18	西安保德信投资发展有限责任公司	30 000 000.00	1.52
19	北京永信国际投资（集团）有限公司	27 000 000.00	1.36
20	汇智创业投资有限公司	24 995 000.00	1.27
21	苏州市美田房地产开发有限公司②	21 242 000.00	1.08
22	深圳市泉来实业有限公司	20 535 372.08	1.04
23	深圳市鑫隆生投资有限公司	20 000 000.00	1.02
24	深圳市红山河投资有限公司	18 727 000.00	0.95
25	佛山市顺德金纺集团有限公司	18 572 000.00	0.94
26	北京瑞丰投资管理有限公司	17 995 000.00	0.91
27	北京瀚成方泽投资有限公司	14 677 901.56	0.76
28	富丽达集团控股有限公司	12 497 000.00	0.64
29	北京中和嘉华投资有限公司	12 497 000.00	0.64
30	北京正联投资有限公司	12 394 000.00	0.63
31	广东新中源陶瓷有限公司	12 394 000.00	0.63

续表

序号	股东名称	持股数量（股）	持股比例（%）
32	江西康富置业有限公司	12 394 000.00	0.63
33	北京嘉润永利投资有限公司	9 982 000.00	0.51
34	上海国联投资有限公司	9 900 000.00	0.50
35	福建通明投资有限公司	8 000 000.00	0.41
36	太原市宝瑞达房地产开发有限公司	7 000 000.00	0.36
37	福建省康英医药有限公司	7 000 000.00	0.36
38	中国华海投资担保有限公司[③]	6 692 000.00	0.34
39	广州市金泉投资有限公司	6 216 000.00	0.32
40	广东华旭升贸易有限公司	5 000 000.00	0.25
	合计	1 970 000 000.00	100.00

注：①现已更名为美田利华集团有限公司；
②现已更名为中国华海融资担保有限公司；
③现已更名为北京泰达瑞顿投资管理中心（有限合伙）。

（三）公司股本情况

1. 总股本、本次发行的股份、股份流通限制和锁定安排

本次A股发行前，本公司的总股本为19.7亿股。根据公司2011年度股东大会、2012年度股东大会、2013年度股东大会、2014年度股东大会和2016年第二次临时股东大会，本次拟公开发行普通股（A股）2.19亿股，占发行后总股本的10.00%。

关于股份流通限制和锁定安排参见本招股说明书摘要"第一节　重大事项提示"之"一、本次发行前股东所持股份的流通限制及股东对所持股份自愿锁定的承诺"。

2. 公司股东持股情况

本公司由一创有限整体变更设立，设立以来股本未发生变化，本公司40名股东均为发起人，持股情况参见本节"二、发行人历史沿革及改制重组情况"之"（二）发起人及其投入资产的内容"。

3. 发行人的发起人、控股股东和主要股东之间的关联关系

在本公司的股东中，水晶投资有限公司持有北京世纪创元投资有限公司80%的股权，为其控股股东，水晶投资有限公司与北京世纪创元投资有限公司合计持有公司3.80%的股权，持股比例小于5.00%。

除此之外，发行前本公司股东之间无其他关联关系。

（四）公司业务情况

1. 公司的主营业务

本公司的业务范围涵盖了证券经纪、证券投资咨询、与证券交易和证券投资活动有关的财务顾问、证券（不含股票、中小企业私募债券以外的公司债券）承销、证券自营、证券资产管理、融资融券、证券投资基金代销、为期货公司提供中间介绍业务、代销金融产品。本公司还通过控股子公司一创摩根从事股票与公司债券（不含中小企业私募债券）的承销与保荐业务，通过全资子公司一创期货从事期货经纪业务，通过全资子公司一创投资从事直投业务，通过全资子公司创新资本开展金融产品投资和其他另类投资业务，以及通过控股子公司创金合信开展基金管理业务。本公司主营业务的分类如下表所示。

固定收益业务	含	债券销售（国债、央行票据、政策性金融债、中期票据、短期融资券等固定收益产品的销售）、债券及相关衍生品的交易
投资银行业务	含	股权融资、债权及结构化融资、相关财务顾问
资产管理业务	含	集合资产管理、定向资产管理、专项资产管理、基金管理业务
证券经纪业务	含	证券代理买卖、证券投资咨询、融资融券、股票质押式回购、期货IB、PB业务

续表

证券自营业务	含	权益类证券投资、权益类衍生品多策略投资
期货经纪业务	含	商品期货经纪、金融期货经纪
直投业务	含	股权投资业务及股权投资管理业务
其他业务	含	研究业务、场外市场业务、银华基金股权投资、另类投资业务、基金管理业务等

2. 公司所属行业竞争情况

随着综合治理的顺利结束以及证券市场基础性制度的不断完善，我国证券公司风险管理及内部控制得到了明显的提升，证券行业监管体系日趋成熟，行业规范运作及稳健性程度均达到较高的水平。在推进改革开放、创新发展的大背景下，我国证券行业已逐步进入以产品、业务创新为主导的全新发展阶段，证券市场的深度和广度将不断拓展，证券公司盈利模式单一的局面将逐步改善，行业进入多元化、特色化发展时代。市场竞争呈现出以下特点：行业整体规模仍然偏小，直接融资比例亟待进一步提高；盈利模式相对单一，但创新业务的快速发展将有利于收入来源的多元化和均衡化；证券公司定位逐渐清晰，一批特色化经营的证券公司将不断涌现；行业开放格局不断加深，国际竞争压力日益显现。

3. 公司主要业务竞争情况

报告期内，本公司的营业收入主要来自于固定收益业务、投资银行业务、资产管理业务和证券经纪业务。2015年度、2014年度、2013年度，上述四项业务收入占营业收入的比例分别为84.82%、97.17%、90.30%。公司在保持上述四项业务的基础上，积极发展期货经纪业务、直投业务和证券自营业务。

公司一直以来都重视固定收益业务的发展，不断加大对固定收益业务的投入。同时，根据市场的变化，不断调整业务方向和内部组织结构，特别是2012年本公司积极推进债券做市服务，进一步提高固定收益业务的盈利能力，并形成了领先的市场地位。2015年度、2014年度、2013年度，公司固定收益业务收入占营业收入的比重分别为25.32%、44.87%、18.51%。公司顺应新股发行体制改革潮流，加大了对投资银行业务的投入。为打通境内外业务通道、进一步开拓境内外投资银行业务，公司与J.P. Morgan Broking (Hong Kong) Limited合资成立了第一创业摩根大通证券有限责任公司，为中国客户提供跨境式企业融资并购服务奠定基础。2015年度、2014年度、2013年度，公司投资银行业务收入占营业收入的比重分别为8.38%、14.01%、24.07%。

公司重视资产管理业务，组建了优秀的业务团队，创建了"创金资产"管理品牌，并根据业务发展需要和市场变化完善内部组织结构。报告期内公司资产管理业务取得了快速的发展和良好的业绩。2015年度、2014年度、2013年度，公司资产管理业务收入占营业收入的比重分别为16.21%、18.66%、23.49%。

近年来，证券市场一直呈现反复震荡调整的态势，加之中国证监会对于证券经纪业务经营牌照限制逐步放开，券商之间经纪业务竞争已经进入白热化阶段。公司一方面顺应政策导向，积极在各地新设营业部，开拓新的市场，另一方面努力提升经纪业务内部管控水平，重点由产品服务向客户服务导向，通过流程梳理和细化提升公司整体经营水平。此外，公司加大对融资融券等创新业务的投入。2015年度、2014年度、2013年度，公司经纪业务收入占营业收入的比重分别为34.91%、19.63%、24.23%。

（五）本公司主要资产权属情况

1. 本公司的主要固定资产情况

本公司的固定资产主要包括房屋建筑物、电子设备、运输设备及其他设备。截至2015年12月31日，本公司的固定资产原值25 479.50万元，累计折旧11 217.11万元，净值14 262.39万元，成新率为55.98%。

2. 本公司自有及租赁房地产情况

截至2015年12月31日，本公司及控股子公司、证券营业部拥有8处自有房产，面积合计51 034.47平方米。截至招股说明书签署日，本公司及控股子公司、证券分支机构共租赁60处房产，面积合计约为25 597.91平方米。

3. 本公司在建工程情况

截至2015年12月31日，本公司在建工程为2 070.00万元。

4. 本公司主要无形资产情况

截至2015年12月31日，本公司拥有1宗土地使用权；本公司持有的商标45个；根据一创摩根与J.P. Morgan Chase & Co.签署的《商标使用许可合同》，以及一创摩根与一创有限签署的《甲方商标许可协议》，一创摩根获准使用J.P. Morgan Chase & Co.及一创有限的商标，共计10个；本公司交易席位费原值430.50万元，累计摊销365.96万元，账面价值64.54万元；本公司软件原值9 318.11万元，累计摊销5 424.49万元，账面价值3 893.61万元；本公司拥有的域名共22个。

5. 本公司的商誉情况

截至2015年12月31日，本公司商誉无可变现净值低于账面净值的情况，无需计提减值准备。

6. 本公司持有的业务许可文件

本公司所处的证券行业实行严格的市场准入制度，本公司及下属子公司所从事的业务已获得相关主管部门颁发的许可证书或资格证书。

（六）同业竞争与关联交易

1. 同业竞争

本公司无控股股东及实际控制人，不存在与控股股东、实际控制人及其控制的其他企业同业竞争的情况。

2. 关联交易

（1）发行人报告期内的重大关联交易

①经常性关联交易

A. 代理买卖证券服务

a. 代理买卖证券款余额

单位：元

关联方	2015年12月31日	2014年12月31日	2013年12月31日
浙江航民实业集团有限公司	—	13 548.63	4 650.45
银华基金管理有限公司	61 002.60	36 967.25	36 838.50
北京新大都实业总公司	—	39.51	39.38
北京首创创业投资有限公司	—	—	5.12
北京首创能达投资开发有限公司	3 143.31	6 505.81	6 483.15
首创经中（天津）投资有限公司	—	—	6 722.54
浙江航民房地产开发有限公司	6 918.95	53 161.29	50 216.94
杭州富丽华建材有限公司	0.10	563.32	1 032 566.94
杭州航民纺丝有限公司	0.31	1 688.43	—
深圳富春成长投资公司	905.94	902.73	899.58
北京华熙颐美投资有限公司	19 523.69	2 033.73	57 498.44
华熙国际投资集团有限公司	86 959.88	233.50	364 443.79
华熙国际文化体育发展有限公司	56 992.81	—	—
北京市开原房地产开发有限责任公司	307.24	—	—
北京元富源投资管理有限责任公司	62 285.37	—	—
银华财富资本管理（北京）有限公司注	972 623 312.21	—	—
合计	972 921 352.41	115 644.20	1 560 364.83
占代理买卖证券款余额的比例	11.97%	0	0.10%

注：系由银华财富资本管理（北京）有限公司设立并作为管理人的银华量化绝对收益3号资产管理计划形成的余额。

b. 代理买卖证券手续费收入

单位：元

关联方	2015年度	2014年度	2013年度
北京首都创业集团有限公司	—	—	43 713.76
浙江航民实业集团有限公司	32 563.49	15 431.39	27 801.01
银华基金管理有限公司	7 000.00	2 000.00	—
北京新大都实业总公司	—	—	635.68
北京首创能达投资开发有限公司	377 649.81	—	499.00
首创经中（天津）投资有限公司	299.98	11 838.63	18 311.97
浙江航民房地产开发有限公司	16 254.13	8 522.18	20 041.32
杭州富丽华建材有限公司	—	47 046.75	150 352.03
深圳富春成长投资公司	—	—	90 272.50
北京华熙颐美投资有限公司	37 937.63	61 137.88	15 390.21
华熙国际投资集团有限公司	36 526.97	149 102.54	10 670.65
华熙国际文化体育发展有限公司	6 157.53	—	—
北京元富源投资管理有限责任公司	98 608.96	—	—
银华财富资本管理（北京）有限公司[注]	6 251 966.03	—	—
合计	6 864 964.53	295 079.37	377 688.13
占同类交易比例	0.98%	0.09%	0.18%

注：系由银华财富资本管理（北京）有限公司设立并作为管理人的银华量化绝对收益3号资产管理计划形成的相关手续费收入。

上述公司均在发行人处开立了证券账户并委托公司代理进行证券交易，发行人向关联方收取的平均佣金率处于合理水平，定价公允。

c. 支付利息

单位：元

关联方	2015年度	2014年度	2013年度
北京首都创业集团有限公司	—	726.51	16 411.78
浙江航民实业集团有限公司	8 389.19	419.97	5 222.75
银华基金管理有限公司	24 035.35	128.75	922.04
北京新大都实业总公司	0.03	0.13	82.32
北京首创创业投资有限公司	—	0.01	5.12
北京首创能达投资开发有限公司	5 422.76	22.66	240.45
首创经中（天津）投资有限公司	97.64	1 980.89	649.67
浙江航民房地产开发有限公司	2 668.38	552.37	174.19
杭州富丽华建材有限公司	0.58	1 880.54	2 799.71
杭州航民纺丝有限公司	1.75	5.89	—
深圳富春成长投资公司	3.21	3.15	721.93
北京华熙颐美投资有限公司	29 575.80	284.72	420.15
华熙国际投资集团有限公司	8 256.35	26 032.42	3 546.42
华熙国际文化体育发展有限公司	490.90	—	—
北京市开原房地产开发有限责任公司	1.07	—	—
北京元富源投资管理有限责任公司	3 852.53	—	—
银华财富资本管理（北京）有限公司[注]	991 814.25	—	—
合计	1 074 609.79	32 038.01	31 196.53
占同类交易比例	2.78%	0.38%	0.49%

注：系由银华财富资本管理（北京）有限公司设立并作为管理人的银华量化绝对收益3号资产管理计划形成的相关利息支出。

d. 期货经纪业务收入

单位：元

关联方	关联交易内容	2015年度	2014年度	2013年度
银华财富资本管理（北京）有限公司注	手续费收入	743 495.62	—	—
合计	—	743 495.62	—	—
占同类交易比例	—	4.69%	—	—

注：系由银华财富资本管理（北京）有限公司设立并作为管理人的银华量化绝对收益3号资产管理计划形成的相关手续费收入。

B. 交易单元席位租赁收入

单位：元

关联方	2015年度	2014年度	2013年度
银华基金管理有限公司	6 615 307.24	6 109 971.93	3 062 647.84
占同类交易比例	25.03%	24.60%	11.70%

根据公司与银华基金管理有限公司签订的《证券交易席位租用协议》，银华基金管理有限公司租用公司交易所基金专用交易席位作为其管理的投资基金在交易所进行交易的专用席位，约定席位佣金标准：股票交易佣金为买（卖）成交金额×佣金费率-买（卖）经手费-买（卖）证管费-证券结算风险基金等费用，国债现券及回购不计佣金。该类交易单元席位租赁收入的计提方式为行业通行做法，且计提标准处于市场合理范围内，定价公允。

C. 代理基金销售交易

单位：元

关联方	2015年度	2014年度	2013年度
银华基金管理有限公司	2 018 497.63	558 611.48	52 036.09
占同类交易比例	14.66%	21.27%	5.42%

根据发行人与银华基金管理有限公司签订的《基金销售服务代理协议》，发行人为银华基金提供基金的代理销售服务，代理费用以发行人代理销售银华基金的基金产品的销售总额所形成的认购费、申购费和赎回费及其他交易收费按照相应提成比例计算。该代理费用的计提方式为行业通行做法，且计提标准处于市场合理范围内，定价公允。

D. 证券承销业务收入

单位：元

关联方	2015年度	2014年度	2013年度
北京首创股份有限公司	5 000 000.00	—	—
北京首都创业集团有限公司	5 760 000.00	—	—
合计	10 760 000.00	—	—
占同类交易比例	1.89%	—	—

上述关联交易属于正常的商业行为，符合正常的商业条件和一般的商业惯例和逻辑，是合理、必要的。

E. 财务顾问收入

单位：元

关联方	2015年度	2014年度	2013年度
首创置业股份有限公司	500 000.00	—	—
深圳一创中科垃圾焚烧发电基金企业（有限合伙）	—	—	283 018.87
阜新中科环保电力有限公司	1 882 919.87	63 890.35	—
J.P. Morgan Holdings (Hong Kong) Limited	—	—	42 915 240.00
合计	2 382 919.87	63 890.35	43 198 258.87
占同类交易比例	2.66%	0.10%	43.86%

F. 投资咨询业务收入

单位：元

关联方	2015年度	2014年度	2013年度
华熙昕宇投资有限公司	—	180 000.00	—
北京华熙颐美投资有限公司	3 000 000.00	260 000.00	—
合计	3 000 000.00	440 000.00	—
占同类交易比例	6.33%	3.44%	0

G. 关联方认购（申购）和赎回集合资产管理计划情况

单位：份

关联方名称	集合资产管理计划名称	2015年度			
		年初持有份额	本期新增份额	本期减少份额	期末持有份额
京首创能达投资开发有限公司	创金价值成长2期集合资产管理计划	4 848 220.35	—	4 848 220.35	—
京首创能达投资开发有限公司	共盈创海富信6期集合资产管理计划	—	712 301.45	—	712 301.45
京首创能达投资开发有限公司	共盈生源新互联集合资产管理计划	—	1 000 135.00	—	1 000 135.00
京首创能达投资开发有限公司	共盈安心成长FOF集合资产管理计划	—	5 003 590.55	—	5 003 590.55
京元富源投资管理有限责任公司	共盈创海富信6期集合资产管理计划	—	12 315 270.94	—	12 315 270.94
京元富源投资管理有限责任公司	共盈生源新互联集合资产管理计划	—	8 663 366.34	—	8 663 366.34

续表

关联方名称	集合资产管理计划名称	2014年度			
		年初持有份额	本期新增份额	本期减少份额	期末持有份额
北京首创能达投资开发有限公司	创金价值成长2期集合资产管理计划	4 848 220.35	—	—	4 848 220.35

关联方名称	集合资产管理计划名称	2013年度			
		年初持有份额	本期新增份额	本期减少份额	期末持有份额
北京首创能达投资开发有限公司	创金价值成长集合资产管理计划	3 200 024.95	—	3 200 024.95	—
	创金价值成长2期集合资产管理计划	—	4 848 220.35	—	4 848 220.35

H. 其他手续费及佣金收入

根据公司子公司一创吉星与新材料基金签订的基金委托管理协议，由一创吉星担任基金资产的管理人，负责管理和运作基金资产，2013年度及2014年度确认的基金管理费收入分别为809 948.13元和4 734 007.18元。

根据公司子公司一创创盈与一创中科签订的基金委托管理协议及其合伙协议约定，由一创创盈担任基金管理人，负责在协议约定的权利义务范围内为一创中科提供基金管理服务，2013年度、2014年度及2015年度，确认的基金管理费收入分别为932 038.83元、932 038.83元和932 038.83元。

I. 公司作为委托人参与关联方特定客户资产管理

公司与银华基金签订资产管理合同，由公司作为委托人参与银华基金作为资产管理人的资产管理计划。2014年度，公司分别参与成立了银华——一创鲁1号债券收益分级资产管理计划、银华——一创金丰债券收益分级资产管理计划、银华—民生—第一创业量化专户理财资产管理计划，出资金额分别为4 000万元、15 000万元和10 000万元，银华基金按照资产管理合同约定的费率收取管理费。上述管理计划于2015年均已清算。

J. 投资顾问业务支出

单位：元

关联方	关联交易内容	2015年度	2014年度	2013年度
深圳市创海富信资产管理有限公司	投资顾问业务支出	15 571 171.40	—	—
北京元富源投资管理有限责任公司		11 713 228.48	—	—
合计	—	27 284 399.88	—	—
占同类交易比例	—	30.77%	—	—

②偶发性关联交易

A. 与关联人共同投资

2013年10月，公司子公司一创创盈与关联方北京华熙颐美投资有限公司以及非关联第三方共同发起设立一创中科，出资总额为4 800万元，一创创盈认缴800万元出资份额，北京华熙颐美投资有限公司认缴1 000万元出资份额，非关联第三方认缴3 000万元出资份额。2014年8月，公司子公司一创创盈与关联方北京华熙颐美投资有限公司、广州市黄埔龙之泉实业有限公司、深圳中和共同发起设立富显环保，出资总额为6 900万元，其中，一创创盈认缴2 900万元，北京华熙颐美投资有限公司认缴1 000万元，广州市黄埔龙之泉实业有限公司认缴1 000万元，深圳中和认缴2 000万元。2015年3月，广州市黄埔龙之泉实业有限公司将其认缴资格转让给深圳一创创盈投资管理有限公司，转让后，深圳一创创盈投资管理有限公司应认缴3 900万元，北京华熙颐美投资有限公司认缴1 000万元，深圳中和股权投资企业（有限合伙）认缴2 000万元；上述认缴款出资完毕后，深圳一创创盈投资管理有限公司和北京华熙颐美投资有限公司分别增资536万元和91万元，出资款均已缴纳完毕。

B. 关联方资金拆借

2014年12月，阜新中科与一创投资签订借款合同，向一创投资借款60 960 000.00元用于归还贷款及合同款。该笔借款期限为7日，从2014年12月29日起至2015年1月4日止，利息按银行同期贷款利率计算。截至招股说明书签署日，阜新中科已偿付该笔借款。

C. 关联方购买收益凭证产品

北京市农业投资有限公司2015年购买本公司发行的收益凭证产品11 000万元，公司向其支付利息1 620 410.00元。

（2）关联方应收应付款项

单位：元

项目名称	关联方	2015年12月31日		2014年12月31日		2013年12月31日	
		账面余额	坏账准备	账面余额	坏账准备	账面余额	坏账准备
应收款项	吉林省国家新材料产业创业投资有限责任公司	—	—	2 251 027.40	11 255.14	834 246.57	4 171.23
其他应收款	阜新中科环保电力有限公司	—	—	60 960 000.00	304 800.00	—	—

注：截至本招股说明书签署日，发行人已收回该笔款项。

（3）报告期内关联交易对本公司财务状况和经营成果的影响

本公司报告期内发生的关联交易金额较小，占当期同类型交易的比重较少，因此不会对本公司财务状况及经营成果产生重大影响。

（七）董事、监事及高级管理人员

1. 董事

截至招股说明书签署日，本公司共有董事13名，其中独立董事

5名。公司董事由股东大会选举产生，任期3年，任期届满可连选连任，独立董事任期不得超过6年。本届董事会至2018年4月22日期满，本公司董事的基本情况如下表所列：

姓名	职务	提名人	任期
刘××	董事长	华熙昕宇	2015.4.23—2018.4.22
钱××	董事	海城大酒店有限公司、汇智创业投资有限公司、苏州市美田房地产开发有限公司	2015.4.23—2018.4.22
萧××	董事	深圳市则天行投资发展有限公司、深圳市仟叶汇融投资有限公司	2015.4.23—2018.4.22
张×	董事	华熙昕宇	2015.4.23—2018.4.22
汪×	董事	首创集团	2015.4.23—2018.4.22
王××	董事	首创集团	2015.4.23—2018.4.22
高××	董事	航民集团	2015.4.23—2018.4.22
张××	董事	广州市黄埔龙之泉实业有限公司	2015.4.23—2018.4.22
缪××	独立董事	董事会提名	2015.4.23—2017.4.26
吕××	独立董事	董事会提名	2015.4.23—2018.4.22
付×	独立董事	董事会提名	2015.4.23—2018.4.22
雷××	独立董事	董事会提名	2015.6.10—2018.4.22
刘×	独立董事	董事会提名	2016.2.3—2018.4.22

2. 监事

本公司本届监事会由7名监事组成，其中股东代表监事4名，由股东大会选举产生；职工代表监事3名，由职工代表大会选举产生。本公司的监事任期为3年，任期届满可连选连任。本公司监事的基本情况如下表所列。

姓名	职务	提名人	任期
周×	监事会主席	北京太伟控股（集团）有限公司、北京泰达瑞顿投资管理有限公司	2015.4.23—2018.4.22
郭××	监事	华熙昕宇	2015.4.23—2018.4.22
李××	监事	首创集团	2015.4.23—2018.4.22
付××	监事	北京瀚成方泽投资有限公司、深圳市泉来实业有限公司、北京中和嘉华投资有限公司、北京正联投资有限公司	2015.4.23—2018.4.22
孙×	职工代表监事	职工代表大会	2015.4.23—2018.4.22
王××	职工代表监事	职工代表大会	2015.4.23—2018.4.22
梁××	职工代表监事	职工代表大会	2015.4.23—2018.4.22

3. 高级管理人员

本公司高级管理人员包括总裁、副总裁、财务总监、合规总监、首席风险官和董事会秘书，本公司高级管理人员的基本情况如下表所列：

姓名	职务	任期
钱××	总裁	2015.4.24—2018.4.23
萧××	副总裁、董事会秘书	2015.4.24—2018.4.23
王×	副总裁、合规总监、首席风险官	2015.4.24—2018.4.23
奚××	副总裁	2015.4.24—2018.4.23
马××	财务总监	2015.4.24—2018.4.23

（八）发行人控股股东及其实际控制人的简要情况

报告期内，发行人股权结构较为分散，无任何股东单独持股比例高于20%。公司40家法人股东都是公司发起人，由于发行人的股权结构、董事会决策机制及董事会成员构成特点，公司的经营方针及重大事项的决策系由全体股东充分讨论后确定，无任何单独一方能够决定和实质控制，因此公司无实际控制人。

（九）财务会计信息及管理层讨论与分析

1. 简要财务报表

（1）合并资产负债表

单位：元

项目	2015-12-31	2014-12-31	2013-12-31
货币资金	9 144 293 491.84	5 177 698 033.56	2 184 861 161.19
其中：客户存款	7 143 385 802.13	3 580 505 786.57	889 815 512.65
结算备付金	2 334 735 354.49	1 236 481 094.66	933 425 811.76
其中：客户备付金	1 597 879 200.17	1 003 845 006.22	801 893 741.12
拆出资金	—	—	—
融出资金	4 382 481 935.59	3 662 170 071.21	732 066 055.68
以公允价值计量且其变动计入当期损益的金融资产	7 617 124 330.77	6 240 429 386.67	4 255 669 873.13
衍生金融资产	13 500 601.52	34 744 294.41	30 163 557.82
买入返售金融资产	5 779 262 543.80	1 633 025 120.21	698 358 731.20
应收款项	244 320 352.23	187 890 139.39	79 482 167.42
应收利息	353 433 729.10	199 043 217.95	112 200 033.92
存出保证金	359 095 961.28	214 381 213.26	54 352 795.96
可供出售金融资产	1 165 598 298.80	899 270 654.85	990 718 236.04
持有至到期投资	—	—	—
长期股权投资	619 225 771.00	485 939 013.07	401 264 246.11
投资性房地产	380 099 410.14	409 452 093.02	—
固定资产	142 623 887.94	146 827 116.40	31 742 090.67
在建工程	20 700 042.97	15 658 794.81	362 125 048.80
无形资产	248 579 267.41	249 071 181.87	251 330 606.35

续表

项目	2015-12-31	2014-12-31	2013-12-31
商誉	12 156 833.17	12 156 833.17	12 156 833.17
递延所得税资产	122 425 983.02	128 960 586.49	84 515 296.26
其他资产	333 862 192.54	180 391 140.82	89 140 463.59
资产总计	33 273 519 987.61	21 113 598 985.82	11 303 573 009.07
短期借款	—	—	—
应付短期融资款	1 200 000 000.00	1 445 470 000.00	700 000 000.00
拆入资金	200 000 000.00	677 000 000.00	97 000 000.00
以公允价值计量且其变动计入当期损益的金融负债	5 452 440 501.47	1 912 129 005.94	254 441 176.62
衍生金融负债	—	1 508 454.77	—
卖出回购金融资产款	7 054 804 075.65	4 697 996 944.58	2 324 485 738.61
代理买卖证券款	8 128 399 206.43	4 421 284 333.16	1 659 450 550.92
代理承销证券款	—	—	—
应付职工薪酬	730 668 444.37	459 827 330.08	172 243 676.75
应交税费	125 428 578.22	219 395 819.99	51 947 713.34
应付款项	310 225 837.39	32 229 474.00	13 633 818.39
应付利息	170 317 177.89	67 717 961.59	23 056 167.57
预计负债	1 526 908.00	1 526 908.00	1 526 908.00
长期借款	—	—	258 666 567.22
应付债券	2 999 893 375.35	1 399 771 375.34	799 649 375.34
递延所得税负债	91 500 083.78	50 841 687.67	—
其他负债	233 320 233.75	258 362 562.81	128 808 434.74
负债合计	26 698 524 422.30	15 645 061 857.93	6 484 910 127.50
股本（实收资本）	1 970 000 000.00	1 970 000 000.00	1 970 000 000.00
资本公积	1 872 969 511.63	1 872 969 511.63	1 872 908 372.18

续表

项目	2015-12-31	2014-12-31	2013-12-31
减：库存股	—	—	—
其他综合收益	152 408 393.19	58 562 871.21	-51 846 703.53
盈余公积	187 087 365.70	92 280 876.78	47 414 894.58
一般风险准备	735 419 670.15	543 489 748.04	452 545 060.76
未分配利润	1 233 043 068.47	597 006 819.80	264 051 264.90
归属于母公司所有者权益	6 150 928 009.14	5 134 309 827.46	4 555 072 888.89
少数股东权益	424 067 556.17	334 227 300.43	263 589 992.68
所有者权益合计	6 574 995 565.31	5 468 537 127.89	4 818 662 881.57
负债和所有者权益总计	33 273 519 987.61	21 113 598 985.82	11 303 573 009.07

（2）合并利润表

单位：元

项目	2015年度	2014年度	2013年度
一、营业收入	3 010 161 636.37	1 858 951 780.42	1 031 723 403.47
手续费及佣金净收入	1 750 698 564.90	1 025 178 871.60	743 546 044.91
其中：经纪业务手续费净收入	757 537 352.44	287 227 447.61	212 049 361.69
投资银行业务手续费净收入	660 239 965.64	483 945 189.51	292 917 427.99
资产管理业务手续费净收入	285 537 078.09	235 548 960.55	230 173 128.51
利息净收入	217 509 615.25	-105 028 899.78	-21 370 194.53
投资收益（损失以"-"号填列）	1 183 149 154.68	845 320 572.43	389 899 110.87
其中：对联营企业和合营企业的投资收益	156 609 130.22	91 768 003.16	83 251 188.23

续表

项目	2015年度	2014年度	2013年度
公允价值变动收益（损失以"-"号填列）	-201 825 304.11	61 694 702.54	-79 729 242.03
汇兑收益（损失以"-"号填列）	1 192 839.91	58 820.27	-636 715.75
其他业务收入	59 436 765.74	31 727 713.36	14 400.00
二、营业支出	1 701 832 005.40	1 199 458 091.57	841 167 667.21
营业税金及附加	193 921 988.87	112 838 753.44	66 356 959.85
业务及管理费	1 454 565 817.91	1 078 204 793.03	774 405 753.31
资产减值损失	41 827 600.42	1 084 585.80	404 954.05
其他业务成本	11 516 598.20	7 329 959.30	—
三、营业利润（亏损以"-"号填列）	1 308 329 630.97	659 493 688.85	190 555 736.26
加：营业外收入	13 021 503.53	6 412 251.22	10 402 448.73
其中：非流动资产处置利得	83 067.40	276 365.48	168 464.32
减：营业外支出	453 884.44	4 350 900.21	477 468.52
四、利润总额（亏损总额以"-"号填列）	1 320 897 250.06	661 555 039.86	200 480 716.47
减：所得税费用	283 201 487.18	143 954 088.80	32 248 891.72
五、净利润（净亏损以"-"号填列）	1 037 695 762.88	517 600 951.06	168 231 824.75
归属于母公司所有者的净利润	1 021 272 659.70	508 166 224.38	162 774 150.76
少数股东损益	16 423 103.18	9 434 726.68	5 457 673.99
六、其他综合收益的税后净额	93 833 017.16	110 612 155.81	-14 763 424.38
归属于母公司所有者的其他综合收益的税后净额	93 845 521.98	110 409 574.74	-14 763 424.38

续表

项目	2015年度	2014年度	2013年度
（一）以后不能重分类进损益的其他综合收益	—	—	—
1. 重新计量设定受益计划净负债或净资产的变动	—	—	—
2. 权益法下在被投资单位不能重分类进损益的其他综合收益中享有的份额	—	—	—
（二）以后将重分类进损益的其他综合收益	93 845 521.98	110 409 574.74	−14 763 424.38
1. 权益法下在被投资单位以后将重分类进损益的其他综合收益中享有的份额	385 880.25	−16 555.01	—
2. 可供出售金融资产公允价值变动损益	93 459 641.73	110 426 129.75	−14 763 424.38
3. 持有至到期投资重分类为可供出售金融资产损益	—	—	—
4. 现金流量套期损益的有效部分	—	—	—
5. 外币财务报表折算差额	—	—	—
归属于少数股东的其他综合收益的税后净额	−12 504.82	202 581.07	—
（三）以后将重分类进损益的其他综合收益	93 845 521.98	110 409 574.74	−14 763 424.38

续表

项目	2015年度	2014年度	2013年度
七、综合收益总额	1 131 528 780.04	628 213 106.87	153 468 400.37
归属于母公司所有者的综合收益总额	1 115 118 181.68	618 575 799.12	148 010 726.38
归属于少数股东的综合收益总额	16 410 598.36	9 637 307.75	5 457 673.99
八、每股收益	—	—	—
（一）基本每股收益	0.52	0.26	0.08
（二）稀释每股收益	0.52	0.26	0.08

（3）合并现金流量表

单位：元

项目	2015年度	2014年度	2013年度
一、经营活动产生的现金流量			
处置交易性金融资产净增加额	2 539 704 857.74	697 396 779.60	−418 179 161.11
收取利息、手续费及佣金的现金	3 029 126 648.03	1 255 277 275.14	893 415 013.08
拆入资金净增加额	−477 000 000.00	580 000 000.00	97 000 000.00
回购业务资金净增加额	−1 789 430 292.52	1 438 844 816.96	−446 412 260.59
融出资金净减少额	—	—	—
代理买卖证券收到的现金净额	3 983 529 398.66	2 761 833 782.24	—
代理承销证券收到的现金净额	—	—	—
收到其他与经营活动有关的现金	215 152 609.18	82 591 035.50	54 023 799.82

续表

项目	2015年度	2014年度	2013年度
经营活动现金流入小计	7 501 083 221.09	6 815 943 689.44	179 847 391.20
融出资金净增加额	721 011 627.35	2 930 113 015.53	693 790 159.66
代理买卖证券业务支付的现金净额	—	—	418 123 557.37
支付利息、手续费及佣金的现金	951 520 152.7	323 686 247.39	194 972 864.60
支付给职工以及为职工支付的现金	748 408 781.84	453 245 585.80	464 788 583.33
支付的各项税费	576 450 788.76	122 444 561.14	95 583 509.66
支付其他与经营活动有关的现金	570 044 567.25	510 539 808.42	264 726 606.23
经营活动现金流出小计	3 567 435 917.90	4 340 029 218.28	2 131 985 280.85
经营活动产生的现金流量净额	3 933 647 303.19	2 475 914 471.16	-1 952 137 889.65
二、投资活动产生的现金流量			
收回投资收到的现金	84 084 800.00	31 275 409.00	—
取得投资收益收到的现金	36 540 866.57	46 212 820.64	41 276 666.80
处置子公司及其他营业单位收到的现金净额	—	—	—
收到其他与投资活动有关的现金	116 263 338.99	1 240 868.99	326 142.83
投资活动现金流入小计	236 889 005.56	78 729 098.63	41 602 809.63
投资支付的现金	215 926 400.00	107 135 350.00	8 000 000.00
购建固定资产、无形资产和其他长期资产支付的现金	92 622 705.69	162 401 428.29	148 238 747.30
取得子公司及其他营业单位支付的现金净额	—	—	—

续表

项目	2015年度	2014年度	2013年度
支付其他与投资活动有关的现金	—	—	—
投资活动现金流出小计	308 549 105.69	269 536 778.29	156 238 747.30
投资活动产生的现金流量净额	−71 660 100.13	−190 807 679.66	−114 635 937.67
三、筹资活动产生的现金流量			
吸收投资收到的现金	71 754 000.00	61 000 000.00	2 000 000.00
其中：子公司吸收少数股东投资收到的现金	71 754 000.00	61 000 000.00	2 000 000.00
取得借款收到的现金	—	17 769 264.09	108 644 617.81
发行债券收到的现金	2 300 000 000.00	4 700 000 000.00	3 400 000 000.00
收到其他与筹资活动有关的现金	1 154 530 000.00		—
筹资活动现金流入小计	3 526 284 000.00	4 778 769 264.09	3 510 644 617.81
偿还债务支付的现金	2 100 000 000.00	3 676 435 831.31	1 900 000 000.00
分配股利、利润或偿付利息支付的现金	254 326 368.80	142 497 850.04	61 430 742.17
其中：子公司支付给少数股东的股利、利润	—	—	—
支付其他与筹资活动有关的现金	420 000.00	620 000.00	1 380 000.00
筹资活动现金流出小计	2 354 746 368.80	3 819 553 681.35	1 962 810 742.17
筹资活动产生的现金流量净额	1 171 537 631.20	959 215 582.74	1 547 833 875.64
四、汇率变动对现金及现金等价物的影响	1 192 839.91	58 820.27	−636 715.75
五、现金及现金等价物净增加额	5 034 717 674.17	3 244 381 194.51	−519 576 667.43

续表

项目	2015年度	2014年度	2013年度
加：期初现金及现金等价物余额	6 222 043 838.12	2 977 662 643.61	3 497 239 311.04
六、期末现金及现金等价物余额	11 256 761 512.29	6 222 043 838.12	2 977 662 643.61

（4）主要财务指标

①主要财务指标

项目	2015年度/2015年12月31日	2014年度/2014年12月31日	2013年度/2013年12月31日
资产负债率	73.85%	67.24%	50.04%
净资产负债率	282.44%	205.24%	100.14%
流动比率（倍）	1.30	1.33	1.70
自营证券比率	27.47%	24.11%	21.18%
长期投资比率	18.11%	16.37%	8.33%
固定资本比率	2.48%	2.97%	8.17%
净资产收益率	18.15%	10.50%	3.62%
总资产收益率	3.76%	3.14%	1.47%
营业费用率	48.32%	58.00%	75.06%
每股经营活动产生的现金流量（元）	2.00	1.26	−0.99
每股净现金流量（元）	2.56	1.65	−0.26
无形资产占净资产比例	0.60%	0.64%	0.67%

注：（1）资产负债率＝（负债总额−代理买卖证券款）/（资产总额−代理买卖证券款）

（2）净资产负债率＝（负债总额−代理买卖证券款−受托资金）/期末净资产

（3）流动比率 = 流动资产 / 流动负债
（4）自营证券比率 =（自营证券净额 – 债券类净额）/ 期末净资产
（5）长期投资比率 = 期末长期投资 / 期末净资产
（6）固定资本比率 =（固定资产期末净值 + 期末在建工程）/ 期末净资产
（7）净资产收益率 = 归属于母公司股东的净利润 / 平均股东权益
（8）总资产利润率 = 归属于母公司股东的净利润 / 平均总资产
（9）营业费用率 = 业务及管理费 / 营业收入
（10）每股经营活动产生的现金流量 = $\dfrac{\text{经营活动产生的现金流量}}{\text{发行在外普通股加权平均数}}$
（11）每股净现金流量 = 净现金流量 / 发行在外普通股加权平均数
（12）无形资产（扣除土地使用权）占净资产比例 = $\dfrac{\text{无形资产 – 土地使用权}}{\text{期末净资产}}$

② 净资产收益率和每股收益指标

2015年度	加权平均净资产收益率	每股收益（元）	
		基本每股收益	稀释每股收益
归属于公司普通股股东的净利润	18.15%	0.52	0.52
扣除非经常性损益后归属于公司普通股股东的净利润	18.01%	0.51	0.51

2014年度	加权平均净资产收益率	每股收益（元）	
		基本每股收益	稀释每股收益
归属于公司普通股股东的净利润	10.50%	0.26	0.26
扣除非经常性损益后归属于公司普通股股东的净利润	10.50%	0.26	0.26

2013年度	加权平均净资产收益率	每股收益（元）	
		基本每股收益	稀释每股收益
归属于公司普通股股东的净利润	3.62%	0.08	0.08
扣除非经常性损益后归属于公司普通股股东的净利润	3.46%	0.08	0.08

③证券公司主要监管指标（母公司口径）

项目	预警标准	监管标准	2015年末	2014年末	2013年末
净资本（万元）	>24 000.00	>20 000.00	435 541.40	311 141.43	297 129.23
净资产（万元）	—	—	599 444.35	511 914.57	457 701.51
净资本/各项风险准备之和	>120%	>100%	283.17%	321.48%	373.36%
净资本/净资产	>48%	>40%	72.66%	60.78%	64.92%
净资本/负债	>9.6%	>8%	34.50%	33.81%	63.14%
净资产/负债	>24%	>20%	47.48%	55.63%	97.26%
自营权益类证券及证券衍生品注/净资本	<80%	<100%	27.01%	40.31%	29.40%
自营固定收益类证券/净资本	<400%	<500%	167.53%	154.09%	171.22%

注：证券衍生品包括股指期货、国债期货、利率互换等衍生品，其中股指期货投资规模以买入卖出股指期货合约价值总额的15%计算，国债期货投资规模以买入卖出国债期货合约价值总额的5%计算，利率互换投资规模以利率互换合约名义本金总额的3%计算。

2. 非经常性损益

单位：元

项目（损失-，收益+）	2015年度	2014年度	2013年度
（一）非流动性资产处置损益，包括已计提资产减值准备的冲销部分	814.25	-301 821.73	-9 004.20
（二）越权审批，或无正式批准文件，或偶发性的税收返还、减免	—	—	—
（三）计入当期损益的政府补助，但与公司正常经营业务密切相关，符合国家政策规定、按照一定标准定额或定量持续享受的政府补助除外	8 000 000.00	1 382 500.00	4 486 800.00

续表

项目（损失-，收益+）	2015年度	2014年度	2013年度
（四）计入当期损益的对非金融企业收取的资金占用费	—	—	—
（五）企业取得子公司、联营企业及合营企业的投资成本小于取得投资时应享有被投资单位可辨认净资产公允价值产生的收益	—	—	—
（六）非货币性资产交换损益	—	—	—
（七）委托他人投资或管理资产的损益	—	—	—
（八）因不可抗力因素，如遭受自然灾害而计提的各项资产减值准备	—	—	—
（九）债务重组损益	—	—	—
（十）企业重组费用，如安置职工的支出、整合费用等	—	—	—
（十一）交易价格显失公允的交易产生的超过公允价值部分的损益	—	—	—
（十二）同一控制下企业合并产生的子公司期初至合并日的当期净损益	—	—	—
（十三）与公司正常经营业务无关的或有事项产生的损益	—	—	—
（十四）除同公司正常经营业务相关的有效套期保值业务外，持有交易性金融资产、交易性金融负债产生的公允价值变动损益，以及处置交易性金融资产、交易性金融负债和可供出售金融资产取得的投资收益	—	—	—
（十五）单独进行减值测试的应收款项减值准备转回	—	—	—
（十六）对外委托贷款取得的损益	—	—	—
（十七）采用公允价值模式进行后续计量的投资性房地产公允价值变动产生的损益	—	—	—

续表

项目（损失-，收益+）	2015年度	2014年度	2013年度
（十八）根据税收、会计等法律、法规的要求对当期损益进行一次性调整对当期损益的影响	—	—	—
（十九）受托经营取得的托管费收入	—	—	—
（二十）除上述各项之外的其他营业外收入和支出	4 566 804.84	980 672.74	5 447 184.41
（二十一）其他符合非经常性损益定义的损益项目	—	—	—
（二十二）少数股东损益的影响数	-1 283 657.46	-556 155.89	-783 154.70
（二十三）所得税的影响数	-3 131 155.99	-1 369 828.19	-2 205 495.06
合计	8 152 805.64	135 366.93	6 936 330.45

3. 公司财务状况、盈利能力及现金流情况的讨论与分析

（1）财务状况分析

截至2015年12月31日、2014年12月31日、2013年12月31日，本公司总资产分别为3 327 352.00万元、2 111 359.90万元、1 130 357.30万元。2015年末同比增长57.59%，2014年末同比增长86.79%，2013年末同比增长4.76%。2014年末总资产大幅增加主要系由于证券市场回暖，客户存款及备付金、公司对外融资规模的增加。2015年证券市场波动较大，但总体呈增长趋势，公司总资产进一步大幅增加，主要系客户资金存款增加以及公司加大财务杠杆，多渠道筹集资金，负债额增加较多所致。

公司资产由客户资产和自有资产组成，客户资产包括客户存款、客户备付金，公司资产以货币资金、融出资金、以公允价值计量且其变动计入当期损益的金融资产、买入返售金融资产以及可供出售金融资产为主，固定资产等长期资产占比较低，整体资产安全性高，流动性强，符合行业经营特点。

（2）盈利能力分析

2015年度，以融资融券类业务为代表的资本中介业务快速成长，互联网证券业务发展迅速，公司证券经纪业务和自营业务收入大幅度提升。2015年度公司实现营业收入301 016.16万元，归属于母公司所有者的净利润102 127.27万元。

2014年度，面对较为复杂的市场环境，本公司稳步推进传统业务的转型，实现营业收入和净利润的同比增长。固定收益业务收入大幅度提升，资产管理和证券经纪业务收入较上年同期也有较大幅度的增长。2014年度公司实现营业收入185 895.18万元，归属于母公司所有者的净利润50 816.62万元。

2013年度，国内经济增长速度逐渐减缓，经济结构调整的压力不断增加。在此宏观经济环境的背景下，A股市场持续震荡下行。面对复杂而低迷的市场环境，本公司除了继续保持固定收益业务、投资银行业务等传统优势业务外，积极发展资产管理业务，加大融资融券等创新业务的投入，2013年实现营业收入103 172.34万元，归属于母公司所有者的净利润16 277.42万元。

（3）现金流量分析

2015年度、2014年度、2013年度，公司经营活动产生的现金流量净额为393 364.73万元、247 591.45万元、-195 213.79万元，报告期内公司经营活动净现金流量的变动主要原因为公司代理买卖证券业务规模、交易性金融资产的投资规模、融资融券的业务规模以及卖出回购业务规模等的变动。2015年度、2014年度、2013年度，公司投资活动产生的现金流量净额为-7 166.01万元、-19 080.77万元、-11 463.59万元，主要为购建固定资产、无形资产和其他长期资产以及股权投资支付的现金。2015年度、2014年度、2013年度，公司筹资活动产生的现金流量净额为117 153.76万元、95 921.56万元、154 783.39万元。报告期内本公司筹资活动产生的现金流量净额持续为正数，主要是公司通过发行短期融资券和次级债支持业务的发展。

五、募集资金运用

（一）本次发行募集资金总额

经本公司2013年度股东大会、2014年度股东大会和2016年第二次临时股东大会审议通过，公司本次拟发行2.19亿股，募集资金总额将根据每股发行价格乘以发行股数确定。

（二）本次发行募集资金的用途

根据本公司2013年度股东大会、2014年度股东大会和2016年第二次临时股东大会决议，公司本次发行的募集资金在扣除发行费用后将全部用于补充公司资本金，扩展相关业务：加大对公司固定收益业务的投入，进一步提升其行业竞争优势，保持其在市场的领先地位；增加对融资融券等创新业务的投入，逐步使创新业务成为公司新的收入来源和利润增长点；增加资产管理业务投入，加强产品创新，扩大资产管理规模；加强研究部门基础数据库和金融工程平台的建设和招揽高素质人才，提升公司的整体研发水平；增加对子公司的投入，进一步提升其业务能力及行业地位；加强信息系统建设投入，提升后台的服务能力。

募集资金到位后，公司将根据业务开展情况、创新业务的审批进度及额度、市场状况确定合理的资金使用计划，以取得良好的投资效益。

（三）本次发行募集资金运用对财务状况及经营成果的影响

本次发行募集资金运用对公司的财务状况及经营成果的影响主要包括以下方面：

1. 本次发行完成后，公司的净资产将有所增加，预计本次发行价格高于公司发行前每股净资产值，因此本次募集资金到位后，公司的每股净资产也将有所增加。本次发行募集资金在扣除发行费用后，将全部用于补充公司资本金，扩展相关业务，从本次发行完成到公司业务规模的扩大还需要一个过程，短期内直接效益可能无法明显体现。因此，本次发行募集资金运用在短期内将相应影响公司净资产收益率，但长期看来,本次发行有利于增强公司资本实力,并将推进各项业务良好发展,从而有利于提升公司的盈利能力,实现公司的战略发展目标。

2. 本次募集资金到位后,公司净资本将大幅增加,这将扩大与净资本规模挂钩的各项业务发展空间,并将提升公司的业务经营实力和抗风险能力。

3. 本次募集资金全部用于补充公司资本金,并不会产生同业竞争,亦不会对发行人的独立性产生不利影响。

六、风险因素和其他重要事项

(一)与公司经营及业务相关的风险

本公司作为证券经营机构,面临着特定的经营及业务风险,包括市场周期性变化造成的盈利大幅波动风险;固定收益、投资银行、资产管理、证券经纪、自营等证券业务经营可能存在的风险;业务与产品创新可能存在的风险;公司开展需经相关监管机构审批的业务,存在业务不获批准的可能等有关风险。

1. 市场周期性变化造成的盈利大幅波动风险

我国证券公司的盈利状况与证券市场行情走势相关性较强,如果证券市场行情走弱,证券公司的证券经纪、投资银行、自营与交易和资产管理等主要业务的经营难度将会增大,盈利水平可能受到较大影响。而我国证券市场行情又受到国民经济发展状况、宏观经济政策、财政政策、货币政策、行业发展状况以及国际证券市场行情等诸多因素影响,存在一定的周期性。因此,证券公司存在因证券市场周期性变化而导致收入和利润大幅波动的风险。

我国证券市场作为新兴市场,市场发展尚不成熟,市场波动较大。以上证指数为例,2008年,受国际金融危机影响,我国经济增长速度放缓,股票市场大幅下挫,至2008年10月28日,上证指数最低跌至1 664.93点。2009年,在我国政府采取积极的财政政策和适度宽松的货币政策的作用下,我国经济基本面整体好转,股票市场逐渐回升,上证指数于2009年底达到3 277.14点，较之2008年底上涨了79.98%。2010年至今，国际金融危机造成的影响仍未消退，发达经济体经济增长放缓以及欧洲主权债务危机的持续发酵加大市场对全球经济未来发展的担忧，同时，我国经济环境的变化也加剧了市场对国内经济未来发展的担忧，我国股票市场也出现较大幅度调整，上证指数从2010年初开始震荡下滑，2010年底收盘报2 808.08点，同比下跌14.31%。2011年底收盘报2 199.42点，同比下跌21.68%。2012年上证指数震荡调整，年底收盘报2 269.13点，同比上升3.17%。

报告期内，上证指数波动较大，2013年底上证指数收盘报2 115.98点，同比下跌6.75%；2014年底上证指数收盘报3 234.68点，较2013年底增长52.87%，截至2015年12月31日，上证指数收盘报3 539.18点，较2014年底增长9.41%。

证券市场情况直接影响证券公司的经营业绩。报告期内，根据中国证券业协会统计，2013年度证券行业盈利能力有所改善，全行业累计实现净利润440.21亿元，较2012年度增长33.68%，实现盈利的证券公司家数由2012年的99家增加至104家；2014年度，全行业累计实现净利润965.54亿元，较2013年度上涨119.34%，119家证券公司实现盈利。2015年度，全行业累计实现净利润2 447.63亿元，较2014年上涨153.50%，124家证券公司实现盈利。报告期内证券行业利润水平波动明显，主要是受证券经纪业务（含融资融券）等变动的影响。

受证券市场周期性变化以及发行人自身收入结构中固定收益业务占比较大的影响，本公司的经营业绩亦相应发生变动。根据立信会计师事务所出具的审计报告，2013年度、2014年度和2015年度，本公司营业收入分别为103 172.34万元、185 895.18万元和301 016.16万元，归属于母公司所有者的净利润分别为16 277.42万元、50 816.62万元和102 127.27万元。总体来说，本公司各项业务收入波动与证券市场周期性变化以及自身收入结构关系密切，未来存在本公司盈利水平随我国证券市场周期性变化而大幅波动的风险,波动幅度甚至可能超过50%。

2. 固定收益业务风险

固定收益业务是本公司的主要业务之一,主要包括债券销售(国债、央行票据、政策性金融债、中期票据、短期融资券等固定收益产品的销售)和债券及相关衍生品的交易。2013年度、2014年度和2015年度,本公司的固定收益业务分别实现收入19 100.38万元、83 412.97万元和76 226.32万元,占本公司总收入的比例为18.51%、44.87%和25.32%。

相对于权益类证券,固定收益产品的风险较小,但其市场价格也随着市场利率变化、货币供给情况、发行者资信情况而产生波动。公司可能因对这些变化趋势或时点判断失误而出现投资损失。同时,固定收益产品还可能面临流动性风险,如果公司所投资的固定收益产品出现违约预期而公司不能在短期内以合理的价格出售该产品,则可能面临较大的损失。

固定收益产品销售依赖于公司长期积累的客户群,如果公司不能很好地维护客户群,则固定收益产品销售规模和盈利会下降。同时,固定收益产品销售也存在交易对手风险、失当承诺风险、操作风险等。

3. 投资银行业务风险

投资银行业务为本公司的主要业务之一,主要包括股权融资、债权及结构化融资、相关财务顾问。2013年度、2014年度和2015年度本公司投资银行业务收入分别为24 837.92万元、26 051.16万元和25 235.45万元,占本公司总收入的比例为24.07%、14.01%和8.38%。

目前本公司投资银行业务主要通过控股子公司—一创摩根开展。一创摩根系公司于2011年5月与摩根大通设立的合资子公司。投资银行业务受监管政策、发行节奏和二级市场行情的影响较大,业务收入存在一定的不确定性。此外,还存在由于公司对市场情况的判断出现偏差、对发行方案设计不合理或发行时机选择不恰当等原因而导致出现发行失败或大比例包销的风险。

4. 资产管理业务风险

本公司资产管理业务自2009年以来发展迅速。2009年，本公司发行了第一只集合资产管理计划——创业1号安心回报。截至2015年12月31日，本公司发行成立并尚在存续期中的集合资产管理计划、定向资产管理计划和专项资产管理计划分别有39只、217只和2只。创金合信于2014年9月19日设立了第一只产品——创金合信金睿2号。截至2015年12月31日，创金合信设立并尚在存续期的产品有103只，其中特定客户资产管理计划96只，证券投资基金7只。

2013年度、2014年度和2015年度，本公司资产管理业务收入分别为24 231.00万元、34 681.41万元和48 780.17万元，占营业收入的比重分别为23.49%、18.66%和16.21%。

本公司为客户设定的资产组合方案可能会由于投资决策失误、市场波动等原因无法达到预期收益，影响客户对公司资产管理业务的认可程度，从而导致本公司资产管理规模的降低，进而影响公司的收益。此外，本公司资产管理产品还面临来自其他证券公司资产管理产品以及基金公司、保险公司、信托公司、银行等金融机构类似产品的激烈竞争，若公司不能在产品设计、市场推广、投资绩效、客户服务等方面保持竞争能力，则可能影响公司资产管理业务的进一步拓展。

公司发行的集合资产管理产品可能会因为合同的变更转为不收取业绩报酬的产品。公司所获得的收益可能大幅减少，可能对公司资产管理业务收入增长带来不利影响。

5. 证券经纪业务风险

证券经纪业务是本公司的主要业务之一。2013年度、2014年度和2015年度，公司经纪业务收入分别为24 998.55万元、36 495.83万元和105 093.84万元，占公司总收入的比例分别为24.23%、19.63%和34.91%。

本公司证券经纪业务收入受佣金水平和交易量影响较大。随着证券公司经纪业务竞争的日趋激烈以及证券交易方式、投资者结构的变化以及互联网金融的发展,经纪业务佣金费率可能持续下滑。2013年度、2014年度和2015年度,本公司的平均佣金费率水平分别为0.72‰、0.63‰和0.36‰。未来随着竞争环境的变化,本公司佣金率仍存在进一步下降的可能。

目前我国证券市场客户交易偏好受指数涨跌影响较大,市场股票成交金额随证券市场行情变化而出现波动。根据中国证监会统计,2013年度、2014年度和2015年度,市场股票成交金额分别为468 728.60亿元、743 912.98亿元和2 550 538.29亿元。同期本公司代理买卖证券业务交易金额分别为6 142.95亿元、11 142.09亿元和29 091.49亿元。除市场因素外,证券营业部的数量和规模也是影响公司经纪业务交易金额的重要因素。截至招股说明书签署日,公司证券营业部数量为35家,较行业领先者差距较大。35家营业部中,28家为2010年以来新设营业部,大部分的新设营业部尚处于业务开拓时期。若新设营业部业务开展不稳定,将对本公司经纪业务的盈利带来不利影响。

6. 证券自营业务风险

本公司证券自营业务主要包括权益类证券投资和权益类衍生品多策略投资。

2013年度、2014年度和2015年度,本公司证券自营业务营业收入分别为2 841.53万元、5 842.33万元和30 790.57万元,占营业收入的比重分别为2.75%、3.14%和10.23%。

由于我国证券市场属于新兴市场,投资者缺乏足够的对冲机制和风险管理手段,市场波动较大、系统性风险较高。若市场持续波动,将导致本公司证券自营业务业绩的波动。若本公司在选择证券投资品种或证券买卖时机时,出现投资决策不当或操作失误的现象,也会对本公司证券自营业务造成不利影响。

7. 业务与产品创新风险

本公司已经开展了股指期货、期货中间介绍业务(IB业务)、直接投资、融资融券、利率互换、国债期货、股票质押式回购、证券收益互换、收益凭证、场外市场、互联网金融等创新业务。未来，本公司还将根据市场发展及监管情况积极开展各类创新业务。

鉴于创新业务本身具备较大不确定性，且目前我国证券市场尚处于发展阶段，市场成熟度有待提高，因此本公司进行业务创新时，可能存在因业务管理水平、技术水平、配套设施和相关制度等不能与创新业务相匹配而引发的经营风险和信誉损害。同时，如果公司对创新业务的风险认识不全面、对风险估计不足、对创新业务的风险控制机制不健全以及对创新业务的风险控制措施不完善或执行不力，创新业务可能会给公司造成损失。

8. 业务资格不获批准的风险

证券公司开展业务需经相关监管机构的批准。证券公司只有具备一定的资本实力、良好的公司治理和风险控制、达到监管机构对开展相关业务的人才储备、制度安排等要求，才能通过审批取得相关业务资格。若公司未能满足相应要求，则存在相关业务资格不获批准的可能。若公司无法开展该类业务，在无法取得相关收益的同时也将影响公司为客户提供综合服务的能力。

（二）与公司管理相关的风险

1. 合规风险

合规经营是监管机构对证券公司监管的重要方面，也是证券公司正常经营的重要保障。监管机构颁布了一系列法律、法规对证券公司合规经营进行了规范。公司已经按照法律、法规的要求，建立了合规风险管理制度，但不能完全避免本公司及下属分支机构在经营过程中出现违反相关法律、法规行为的可能性。若公司及下属分支机构因违反法律、法规受到行政处罚或其他监管措施，将给公司带来财务损失及声誉损害。

2. 风险管理和内部控制有效性不足的风险

风险管理和内部控制制度的健全有效是证券公司正常经营的前提

和保证。公司业务处于动态发展的环境中，而用以识别、监控风险的模型、数据、信息却难以实时保持准确和完整，相关管理风险的政策及程序也存在失效或无法预见所有风险的可能；同时任何内控管理措施都存在其固有局限，有可能因其自身的变化或者内部治理结构及外界环境的变化、风险管理当事者对某项事务的认识不全面或对现有制度执行不严格等原因导致风险。上述风险的发生将可能会给公司带来损失及造成其他不利影响。

3. 人才流失及储备不足的风险

证券行业属于知识密集型行业，人才因素非常关键。随着我国证券行业的快速发展，国内各证券公司也加大了优秀人才的引进，从而加剧了对人才的竞争。在激烈的人才竞争中，公司面临着优秀人才流失的风险，而人才流失可能会对公司的经营管理和业务发展产生不利影响。此外，随着公司业务规模的扩张，本公司现有各类人才可能无法满足相关业务拓展的需要，进而可能影响公司业务的开展。

4. 信息系统技术风险

本公司各项主要业务及相关管理都高度依赖于信息系统的正常运作。公司证券经纪及自营等主要业务需要信息系统准确、及时地处理大量交易，并存储和处理大量的业务和经营活动数据。公司信息系统面临软硬件故障、系统超负荷、通信线路中断或延迟、病毒感染、黑客入侵等重大干扰或潜在的不完善风险，同时在信息系统的升级和更新过程中，也存在由于升级方案不完善等原因导致的操作风险，这些风险都可能导致公司正常业务受到干扰或导致数据丢失，从而影响公司信誉和服务质量甚至带来经济损失和法律纠纷。

此外，随着公司业务发展迅速、信息技术创新不断涌现，公司需要不断投入资金进行信息系统升级和更新，以保持技术先进性和竞争中的有利地位，这将增加公司的经营成本。如果公司未能及时有效地改进和提升信息系统，公司竞争力和经营业绩均可能受到不利影响。

5. 员工不当行为风险

公司无法完全杜绝员工不当的个人行为，包括故意隐瞒风险、未经授权或超过权限进行交易、不恰当地使用或披露保密信息、虚报材料、玩忽职守等。此类行为一旦发生而本公司未能及时发现并予以制止，可能给公司造成声誉损失或经济损失，甚至不排除本公司可能涉及诉讼、受到监管机构处罚或者承担赔偿责任的风险。

6. 流动性不足导致的风险

目前，监管机构针对流动性管理新设流动性覆盖率（Liquidity Covered Ratio，LCR，指压力情景下公司持有的优质流动性资产储备与未来30日的资金净流出量之比）和净稳定资金比率（Net Steady Finance Ratio，NSFR，指公司可用的稳定资金与业务所需的稳定资金之比）两项监管指标。根据中国证券业协会于2014年2月发布的《证券公司流动性风险管理指引》的规定，证券公司的流动性覆盖率和净稳定资金比率应在2014年12月31日前达到80%，在2015年6月30日前达到100%。若由于证券市场行情的变动、投行业务大额包销、证券自营业务判断失误以及业务经营中的突发事件导致公司资产出现流动性风险，影响公司流动性风险监管指标的合规性，则不仅会给公司带来直接损失，还可能影响公司一项或多项业务资格的存续，给公司业务经营及声誉造成不利影响。

（三）其他风险

1. 行业激烈竞争的风险

我国证券市场正处于发展阶段，行业竞争十分激烈。截至2015年12月31日，我国共有证券公司125家。同时，由于我国证券市场发展时间尚短，证券公司主要业务仍然由传统的证券经纪、自营投资、投资银行、资产管理等构成，业务同质化现象比较严重。虽然部分证券公司通过兼并收购、股东增资、发行上市等方式增强了资本实力，但总体而言，目前我国尚未出现业务规模、业务能力都具有绝对竞争优势的证券公司，行业竞争仍然激烈。此外，随着我国逐步履行证券行业对外开放的承诺，境外金融机构对国内市场的参与程度将进一步加深、外资机构境内业务经营领域将进一步扩大，这也将加剧国内证券市场的竞争。

同时，随着各种创新类业务品种及模式的推出，商业银行、保险公司和其他非银行金融机构也在向证券公司业务领域渗透。这些企业具备规模优势、客户优势或互联网等新兴渠道营销优势，对包括本公司在内的证券公司也形成了一定程度的竞争压力。

2. 净资产收益率下降的风险

本次发行完成后，本公司净资产将大幅增加。本次募集资金将在扣除发行费用后全部用于补充公司资本金。募集资金从投入到产生效益需经一个合理的周期，且具体产生效益的情况受到市场、政策变动等多方面因素影响。鉴于募集资金投入后产生收益的时间及收益高低具有一定不确定性，而发行当年公司净利润的增长亦具有不确定性，公司存在由于净资产增长而导致净资产收益率下降的风险。

3. 不能及时根据政策法规变化进行调整的风险

证券行业属于受到高度监管的行业，证券公司各项业务的经营与开展均涉及国家多方面的法律、法规及规范性文件的监管。如果国家关于证券行业的有关法律、法规和监管政策发生变化，可能会引起证券行业经营模式和竞争方式的变化，进而对本公司的各项业务产生较大影响。如果本公司在开展相关业务过程中未能及时根据法律、法规及监管政策的调整或变化采取必要措施，可能面临因业务未及时调整而丧失业务机会以及受到行政处罚或引发诉讼的风险。

4. 股东资格无法获得监管机构批准的风险

根据监管机构的相关监管规定及《公司章程》，未经中国证监会或注册地证监局批准，任何单位或个人不得持有或以其他方式实际控制公司5%以上的股份，否则应限期改正，在改正前其所持有的相应股份的股东权利受到限制。现有持有或控制公司5%以上股份的股东均已获得批准，但将来持有或控制公司5%以上股份的新股东可能存在股东资格无法获得批准而被迫减持或股东权利受到限制的风险。

5. 信用风险

证券公司在经营过程中会因借款人或交易对手无法履约或履约能力下降而带来损失，本公司面临的信用风险来自如下几个方面：（1）债券投资的违约风险，即所投资债券的发行人出现违约、拒绝或延迟支付到期本息，导致资产损失和收益下降的风险；（2）利率互换、证券收益互换等衍生产品业务的信用风险，指由于客户未能履行合同约定而给公司带来损失的风险；（3）融资融券业务、股票（权）质押式回购业务由于客户担保物市场价格下跌或流动性不足等造成客户无法按时足额偿付所欠公司债务的风险。公司如不能管理好信用风险，则可能会给公司带来损失。

（四）其他重要事项

1. 发行公司债券

2015年12月11日，公司取得中国证券监督管理委员会"关于核准第一创业证券股份有限公司向合格投资者公开发行公司债券的批复"（证监许可〔2015〕2909号）。该批复核准公司在24个月之内采取分期方式向合格投资者公开发行面值总额不超过人民币24亿元的公司债券。

截至招股说明书签署日，公司于2016年1月20日发行2016年第一期公司债：本期公司债主体信用评级AA+、债项评级AA+、金额8亿元、期限3+1年（附第3年末发行人可提前赎回条款）、发行利率3.5%。

2. 发行短期融资券

经发行人2012年第一次临时股东大会和2013年股东大会审议通过，并经中国证监会2013年11月15日《关于第一创业证券股份有限公司申请发行短期融资券的监管意见函》（机构部部函〔2013〕840号）、2014年11月26日《关于第一创业证券股份有限公司申请发行短期融资券的监管意见函》（证券基金机构监管部部函〔2014〕1872号）和中国人民银行2014年2月10日《中国人民银行关于第一创业证券股份有限公司发行短期融资券的通知》(银发〔2014〕39号)批准,发行人待偿还短期融资券的最高余额为14亿元,待偿还短期融资券最高余额自2014年2月10日起一年内有效,在有效期内,发行人可自主发行短期融资券。

截至招股说明书签署日,公司共发行了11期短期融资券。截至2015年12月31日,短期融资券余额面值为零。

3. 发行次级债券

2013年8月26日,中国证监会出具《关于核准第一创业证券股份有限公司发行次级债券的批复》(证监许可〔2013〕1119号),核准公司非公开发行面值不超过16亿元的次级债券,公司应自批复下发之日起6个月内完成次级债券首期发行工作,24个月内完成次级债券的后续发行工作。2014年6月20日,深圳证监局出具《关于调整部分证券机构行政审批事项有关工作的通知》(深证局机构字〔2014〕40号),对公司发行次级债券进行事后备案管理。

截至本招股说明书签署日,公司已经分别于2013年11月15日、2014年7月9日、2015年2月2日和2015年5月27日发行第一、第二、第三、第四期次级债券,发行金额分别为8亿元、6亿元、8亿元、8亿元,债券期限均为3年,发行利率分别为7.20%、7.00%、7.00%、5.90%。

4. 发行收益凭证

截至2015年12月31日,发行人已发行30期收益凭证,累计已发行规模为2 488 280 000.00元,本金余额为1 200 000 000.00元。

(五)对外担保事项

截至招股说明书签署日,本公司无对外担保事项。

(六)诉讼与仲裁

1. 重大诉讼与仲裁

截至本招股说明书签署日,本公司及控股子公司不存在尚未了结的或可预见的对其业务和经营活动产生重大影响的重大诉讼、仲裁。前述重大诉讼、仲裁系指对本公司或控股子公司生产经营活动、未来发展或财务状况具有重要影响的诉讼、仲裁。

截至本招股说明书签署日，本公司董事、监事和高级管理人员均未涉及重大民事诉讼及仲裁，也未涉及刑事诉讼。

2. 一般诉讼与仲裁

①截至本招股说明书签署日，本公司控股子公司一创摩根与郑自强存在一项劳动争议，具体如下：

因劳动争议纠纷并经北京西城劳动争议仲裁委员会裁决后，原一创摩根员工郑自强于2014年2月27日起诉一创摩根及摩根大通亚洲咨询（北京）有限公司，诉求撤销一创摩根于2013年1月11日发出的《解除劳动合同通知书》并主张继续履行无固定期限劳动合同，补发2013年1月11日至恢复劳动合同关系之日的工资及其他正常收入，此外主张支付未休年假补偿、未付奖金、未报销差旅费与招待费等合计约173万元以及全部诉讼费用。一创摩根于2014年3月5日起诉郑自强，诉求劳动合同已合法解除。2014年3月6日，北京市西城区人民法院向一创摩根出具《受理案件通知书》决定立案审理其与郑自强劳动争议一案。此案已分别于2014年5月15日、2014年5月23日和2015年2月5日举行了三次开庭审理，目前尚在审理过程中。

②截至本招股说明书签署日，公司全资子公司一创投资与宋相军存在一项劳动争议，已诉诸仲裁机构，具体如下：

一创投资原副总经理宋相军向北京市西城区劳动人事争议仲裁委员会提起1-2-61支付目标奖金2 295 689.66元、工资140 976.99元、合规奖励8万元及解除劳动合同赔偿金278 064元；公司已于2015年11月19日向北京市西城区人民法院提起诉讼，诉请无须支付。

七、本次发行各方当事人和发行时间安排

（一）本次发行各方当事人的情况

名称		住所	联系电话	传真	经办人/联系人
发行人：第一创业证券股份有限公司		深圳市福田区福华一路115号投行大厦20楼	(0755)23838868	(0755)23838877	萧进华、王硕
联席保荐机构（主承销商）	招商证券股份有限公司	深圳市福田区益田路江苏大厦A座38~45层	(0755)82943666	(0755)82943121	王玉亭、温立华、罗少波、王玲玲、肖迪衡、何涛、岳东、张书恒、李剑、丁力、黄勇
	第一创业摩根大通证券有限责任公司	北京市西城区武定侯街6号卓著中心10层	(010)63212001	(010)66030102	王勇、熊顺祥、秦厉陈、刘宁斌、付林、梁咏梅、赵梓杰、刘宁
分销商：川财证券有限责任公司		成都市高新区交子大道177号中海国际中心B座17层	(021)68416988	(021)68416608	伏勇
律师事务所：北京金诚同达律师事务所		北京市建国门外大街1号国贸大厦10层	(010)57068585	(010)65185057	卢鑫、张晓明、刘胤宏
会计师事务所：立信会计师事务所（特殊普通合伙）		上海市南京东路61号4楼	(021)63391166	(021)63392558	朱颖、王斌
资产评估机构：银信资产评估有限公司		上海市嘉定工业区叶城路1630号4幢1477室	(021)63391088	(021)63391116	王盈芳、孙迅
股票登记机构：中国证券登记结算有限责任公司深圳分公司		深圳市深南路1093号中信大厦18楼	(0755)25938000	(0755)25988122	—

续表

名称	住所	联系电话	传真	经办人/联系人
收款银行：招商银行深圳分行深纺大厦支行	深圳市华强北路3号深纺大厦B座1楼	(0755)83777888	—	—
拟上市的证券交易所：深圳证券交易所	深圳市福田区深南大道2012号	(0755)88668888	(0755)82083164	—

（二）发行上市关键时间点

询价推介时间	2016年4月26日
定价公告刊登日期	2016年4月28日
申购日期	2016年4月29日
预计股票上市日期	发行后尽快安排上市

八、备查文件

（一）本招股说明书摘要的备查文件

1. 发行保荐书和发行保荐工作报告；

2. 财务报表及审计报告；

3. 内部控制鉴证报告；

4. 经注册会计师核验的非经常性损益明细表；

5. 法律意见书及律师工作报告；

6.《公司章程（草案）》；

7. 中国证监会核准本次发行的文件；

8. 其他与本次发行有关的重要文件。

（二）查阅地点

投资者可于本次发行承销期间，到本公司和联席保荐人（主承销商）的办公地点查阅。

（三）查阅时间

除法定节假日以外的每日上午9:30—11:30，下午2:30—4:30。

（四）查阅网址

巨潮资讯网（http://www.cninfo.com.cn/）和深圳证券交易所网站（http://www.szse.cn/）。

1.2.3 案例评述

《招股说明书摘要》[①]应在显要位置载有如下声明及承诺：

"本招股说明书摘要的目的仅为向公众提供有关本次发行的简要情况，并不包括招股说明书全文的各部分内容。招股说明书全文同时刊载于×××网站。投资者在做出认购决定之前，应仔细阅读招股说明书全文，并以其作为投资决定的依据。"

"投资者若对本招股说明书及其摘要存在任何疑问，应咨询自己的股票经纪人、律师、会计师或其他专业顾问。"

"发行人及全体董事、监事、高级管理人员承诺招股说明书及其摘要不存在虚假记载、误导性陈述或重大遗漏，并对招股说明书及其摘要的真实性、准确性、完整性承担个别和连带的法律责任。"

"公司负责人和主管会计工作的负责人、会计机构负责人保证招股说明书及其摘要中财务会计资料真实、完整。"

"保荐人承诺因其为发行人首次公开发行制作、出具的文件有虚假记载、误导性陈述或者重大遗漏，给投资者造成损失的，其将先行赔偿投资者损失。"

"中国证监会、其他政府部门对本次发行所作的任何决定或意见，均不表明其对发行人股票的价值或者投资者的收益做出实质性判断或者

---

① 中国证券监督管理委员会.【第32号公告】公开发行证券的公司信息披露内容与格式准则第1号——招股说明书（2015年修订）[EB/OL]. (2015-12-30) [2019-12-31]. http://www.csrc.gov.cn/zjhpublic/G00306201/201512/P020151231644520317946.pdf.

保证。任何与之相反的声明均属虚假不实陈述。"

根据中国证监会第32号公告（2015年修订），完整的招股说明书概要的内容包括：重大事项提示、本次发行概况、发行人基本情况、募集资金运用、风险因素和其他重要事项、本次发行各方当事人和发行时间安排、备查文件内容等章节。结合本案例，招股说明书摘要的制作标准列示如下：

一、重大事项提示

发行人应针对公司实际情况作重大事项提示。

二、本次发行概况

发行人应当以表格形式披露本次发行的基本情况，主要包括：

股票种类	
每股面值	
发行股数、占发行后总股本的比例	
发行价格	
标明计量基础和口径的市盈率	
预测净利润及发行后每股收益（如有）	
发行前和发行后每股净资产	
标明计量基础和口径的市净率	
发行方式	
发行对象（发行人若对投资者进行分类，应披露分类标准；分类中如有战略投资者，应披露其基本情况、与发行人的关系及配售的数量）	
本次发行股份的流通限制和锁定安排	
承销方式	
预计募集资金总额和净额	
发行费用概算	

三、发行人基本情况

发行人应当披露其基本情况,主要包括:

(一)发行人基本资料,包括:

注册中、英文名称	
注册资本	
法定代表人	
成立日期	
住所及其邮政编码	
电话、传真号码	
互联网网址	
电子信箱	

(二)发行人历史沿革及改制重组情况,主要包括:1.发行人的设立方式;2.发起人及其投入的资产内容。

(三)有关股本的情况,主要包括:1.总股本、本次发行的股份、股份流通限制和锁定安排。2.以表格方式披露下述人员的持股数量及比例:(1)发起人;(2)前十名股东;(3)前十名自然人股东;(4)国家股、国有法人股股东,并注明标识及其含义;(5)外资股股东。3.发行人的发起人、控股股东和主要股东之间的关联关系。

(四)发行人的主营业务、主要产品或服务及其用途、产品销售方式和渠道、所需主要原材料、行业竞争情况以及发行人在行业中的竞争地位。

(五)发行人业务及生产经营有关的资产权属情况。对发行人业务及生产经营所必须的商标、土地使用权、专利与非专利技术、重要特许权利等，应明确披露这些权利的使用及权属情况。

（六）同业竞争和关联交易情况，以及有关独立董事对关联交易发表的意见，并以表格形式披露报告期内关联交易对发行人财务状况和经营成果的影响。

（七）董事、监事、高级管理人员，以图表形式披露上述人员的基本情况及其兼职情况、薪酬情况以及与发行人及其控股子公司间的股权关系或其他利益关系。

姓名	职务	性别	年龄	任期起止	日期	简要经历	兼职情况	薪酬情况	持有公司股份的数量	与公司的其他利益关系

（八）发行人控股股东及其实际控制人的简要情况。

（九）发行人应简要披露其财务会计信息及管理层讨论与分析，主要包括：1. 发行人运行三年以上的，披露最近三年及一期的资产负债表、利润表和现金流量表；运行不足三年的，应披露最近三年及一期的利润表以及设立后各年及最近一期的资产负债表和现金流量表。发行人编制了合并财务报表的，仅披露合并财务报表即可。2. 以合并财务报表的数据为基础披露最近三年及一期非经常性损益的具体内容及金额，计算最近三年及一期扣除非经常性损益后的净利润金额。3. 列表披露最近三年及一期的流动比率、速动比率、资产负债率（母公司）、应收账款周转率、存货周转率、息税折旧摊销前利润、利息保障倍数、每股经营活动的现金流量、每股净现金流量、每股收益、净资产收益率、无形资产（扣除土地使用权、水面养殖权和采矿权等后）占净资产的比例。除特别指出外，上述财务指标应以合并财务报表的数据为基础进行计算。4. 简要盈利预测表（如有）。5. 管理层对公司财务状况、盈利能力及现金流量的报告期内情况及未来趋势的简要讨论与分析,重点披露报告期内公司营业收入及净利润的主要来源、现实及可预见的主要影响因素分析。6. 最近三年股利分配政策和实际分配情况、发行前滚存利润的分配政策及分配情况、发行后股利分配政策。7. 发行人控股子公司或纳入发行人合并会计报表的其他企业的基本情况,主要包括公司成立日期、注册资本、实收资本、股权结构、主要管理人员、主营业务、主要产品或服务、最近一年及一期主要财务数据。

四、募集资金运用

发行人应简要披露本次募集资金投资项目的具体安排和计划,以及对项目发展前景的分析。

五、风险因素和其他重要事项

发行人应有针对性地披露其实际面对的特有风险,不必披露风险对策和措施。已在"重大事项提示"中披露的,不必重复披露。发行人应披露对投资者作出投资决策有重要影响的其他事项,如重大合同、重大诉讼或仲裁事项等。

六、本次发行各方当事人和发行时间安排

发行人应以表格形式披露本次发行各方当事人的情况:如名称、住所、联系电话、传真、经办人或联系人、发行人、保荐人(主承销商)、律师事务所、会计师事务所、资产评估机构(如有)、股票登记机构、收款银行、拟上市的证券交易所。

发行人应以表格形式披露本次发行上市的重要日期,主要包括:询价推介时间、定价公告刊登日期、申购日期和缴款日期、股票上市日期。

七、备查文件

发行人应披露招股说明书全文和备查文件的查阅方式。

1.3 罗克佳华（科创板）招股说明书概况

1.3.1 案例背景

科创板公司的招股说明书有别于主板，其招股说明书内容包括：封面、书脊、扉页、目录、释义、概览、本次发行概况、风险因素、发行人基本情况、业务与技术、公司治理与独立性、财务会计信息与管理层分析、募集资金运用与未来发展规划、投资者保护、其他重要事项、声明、附件。科创板企业招股说明书严格体现了《科创板首次公开发行股票注册管理办法（试行）》及《上海证券交易所科创板股票上市规则》的要求，在披露内容方面重点突出强化发行人行业信息、技术先进性、模式创新性、研发技术产业化情况以及未来发展战略，在"业务与技术""财务会计信息"及"募集资金投入"等多个章节增加披露要求；重点披露技术风险，包括技术升级迭代、研发失败、技术专利许可或授权不具排他性、技术未能形成产品或实现产业化等风险；增加针对科创企业特点的差异化信息披露制度，如发行人选择的上市标准、特别表决权股份、协议控制架构的具体安排，形成未盈利或存在累计未弥补亏损的成因分析等；完善重大事项的披露，对于控制权及管理层稳定、同业竞争与关联交易、重要会计政策/估计、重大会计事项等方面要求细化、从严披露。

1.3.2 公司简介

罗克佳华科技集团股份有限公司（以下简称罗克佳华）一直致力

于在物联网各个垂直应用领域进行业务拓展，由于物联网技术在各行业均有需求，发行人涉足的应用领域包括：建筑智能化业务及在此基础上发展的智慧城市业务，环保领域中面向政府客户的环保监控与信息化业务、面向发电企业的智能脱硫运营业务及在此基础上发展的智慧环保业务。其实质就是通过物联网感知层、网络层、应用层的搭建，感知数据，并搭建应用平台，帮助这些领域的客户运用物联网、提升物联网数据运用水平。其前身为山西联华伟业投资有限责任公司（以下简称联华伟业），成立于2007年9月14日，经山西省太原市工商行政管理局批准依法设立，设立时工商登记股东为李玮、郭瑞娟、范保娴，注册资本为1 000万元。

公司的主营业务包括建筑智能化、智能脱硫运营、智慧环保、智慧城市、环保监控与信息化，各类业务的主要内容如下：

业务类别	业务内容
建筑智能化	包括智能电气成套设备的销售以及提供弱电工程等智能化工程的建设，依托公司自主开发的智能建筑管理等系统对硬件基础设施和物联网智能传感设备进行统一管理，形成数据采集、数据分析和终端控制一体化的智能建筑解决方案
智能脱硫运营	运用物联网及数据优化分析手段，为电厂提供智能脱硫动态管控、运营服务
智慧环保	主要提供环境监测方案的物联网建设、数据采集及后期数据分析、运营服务
智慧城市	主要提供智慧城市物联网部分的建设及后期数据服务
环保监控与信息化	对环保部门及环保监管对象的环保监测设备、软件等提供解决方案，采集的信息解决单一用户、单一用途场景需求

近年来，公司运用建筑智能化、智慧环保等业务中积累的安防信息化、多协议通信网关、数据分析、数据交换等能力，协助政府进行智慧城市管理，逐渐将业务拓展到智慧城市领域。建筑智能化、智能脱硫

运营和环保监控与信息化三类业务所采集的信息目前阶段在可共享用途等方面相对有限，是物联网中的"局域网数据"，所采集的数据具备用于解决单一用户、单一用途场景需求的特征；智慧环保、智慧城市两类业务数据用途的可扩展性更强，数据使用不局限于单一用户，数据运用更为多元。

公司深耕物联网领域十余年，积累了丰富的物联网解决方案项目经验，通过持续研发投入和技术创新，公司形成了拥有自主知识产权的智能传感器、云链数据库、物联网IoT平台及人工智能AI算法等核心技术，成为一家业务涉及感知层、网络层和应用层的物联网技术企业。

基于多年在建筑智能化、环保监控与信息化及智能脱硫运营方面的经验积累和技术开发，公司聚焦于为智慧环保和智慧城市领域提供物联网应用。在智慧环保及智慧城市领域，公司运用物联网IoT平台和云链数据库两大核心技术，不断提升物联网多源数据采集和共享交换能力，建立物联网大数据资源，运用人工智能核心技术，不断拓展应用场景。

1.3.3 招股说明书概览[①]

罗克佳华科技集团股份有限公司科创板首次公开发行股票招股说明书概览如下。

一、发行人及本次发行的中介机构基本情况

（一）发行人基本情况

发行人名称	罗克佳华科技集团股份有限公司	成立日期	有限公司成立日期：2007年9月14日 股份公司设立日期：2016年7月12日

[①] 上海证券交易所. 佳华科技首次公开发行股票并在科创板上市招股说明书 [EB/OL]. (2020-3-16) [2020-3-20]. http://www.sse.com.cn/disclosure/listedinfo/bulletin/star/c/688051_20200316_2.pdf.

续表

注册资本	5 800万元	法定代表人	李玮
注册地址	北京市通州区嘉创路10号院6号楼1层、2层、3层	主要生产经营地址	北京市通州区嘉创路10号院6号楼1层、2层、3层
控股股东	北京韦青信息技术有限责任公司	实际控制人	李玮、王倩
行业分类	软件和信息技术服务业	在其他交易场所（申请）挂牌或上市的情况	无

（二）本次发行的有关中介机构

保荐人	光大证券股份有限公司	主承销商	光大证券股份有限公司
发行人律师	北京市天元律师事务所	其他承销机构	无
审计机构	天健会计师事务所（特殊普通合伙）	评估机构	中瑞世联资产评估集团有限公司

二、本次发行概况

（一）本次发行的基本情况

股票种类	人民币普通股（A股）		
每股面值	1.00元		
发行股数	1 933.40万股	占发行后总股本比例	25.00%
其中：发行新股数量	1 933.40万股	占发行后总股本比例	25.00%
股东公开发售股份数量	0股	占发行后总股本比例	0
发行后总股本	7 733.40万股		
每股发行价格	人民币50.81元		

续表

发行市盈率	65.17倍（发行价格除以每股收益，每股收益按2018年经审计的扣除非经常性损益前后孰低的归属于母公司股东的净利润除以本次发行后总股本计算）		
发行前每股净资产	6.96元（按合并口径截至2019年9月30日经审计的归属于母公司所有者权益除以发行前总股本计算）	发行前每股收益	1.04元（按照2018年度经审计的扣除非经常性损益前后孰低的归属于母公司股东的净利润除以本次发行前总股本计算）
发行后每股净资产	16.39元（按合并口径截至2019年9月30日经审计的归属于母公司所有者权益加本次发行募集资金净额除以本次发行后总股本计算）	发行后每股收益	0.78元（按照2018年度经审计的扣除非经常性损益前后孰低的归属于母公司股东的净利润除以本次发行后总股本计算）
发行市净率	3.10倍（按照发行价除以发行后每股净资产计算）		
发行方式	本次发行采用向战略投资者定向配售、网下向符合条件的投资者询价配售和网上向持有上海市场非限售A股股份和非限售存托凭证市值的社会公众投资者定价发行相结合的方式进行		
发行对象	符合资格的战略投资者、询价对象以及已开立上海证券交易所股票账户并开通科创板交易的境内自然人、法人等科创板市场投资者，但法律、法规及上海证券交易所业务规则等禁止参与者除外		
承销方式	余额包销		
拟公开发售股份股东名称	无		
发行费用的分摊原则	不适用		
募集资金总额	98 236.05万元		
募集资金净额	86 399.05万元		

续表

募集资金投资项目	大气环境AI大数据体系建设项目	
	大数据AI研发体系建设项目	
发行费用概算	承销及保荐费用	9 634.33万元
	审计及验资费用	1 145.00万元
	律师费用	424.53万元
	本次发行有关的信息披露费用	518.87万元
	发行手续费及材料制作费用	114.28万元
	注：本次发行各项费用均为不含增值税金额。募集资金总额与净额之差，与发行费用概算出现差异为四舍五入的原因	

（二）本次发行上市的重要日期

初步询价日期	2020年3月5日
刊登发行公告日期	2020年3月9日
申购日期	2020年3月10日
缴款日期	2020年3月12日
股票上市日期	本次股票发行结束后公司将尽快申请在上海证券交易所科创板上市

三、发行人报告期的主要财务数据和财务指标

项目	2019年9月30日/2019年1—9月	2018年12月31日/2018年度	2017年12月31日/2017年度	2016年12月31日/2016年度
资产总额（万元）	87 192.09	83 891.11	71 707.53	61 222.41
归属于母公司所有者权益（万元）	40 378.12	19 968.67	13 568.34	9 989.81
资产负债率（母公司）（%）	31.17	72.79	39.00	38.73
营业收入（万元）	29 749.69	38 903.51	33 227.61	30 649.99

续表

项目	2019年9月30日/2019年1—9月	2018年12月31日/2018年度	2017年12月31日/2017年度	2016年12月31日/2016年度
净利润（万元）	4 301.83	6 387.42	3 592.01	2 991.41
归属于母公司所有者的净利润（万元）	4 249.09	6 401.89	3 576.51	2 866.23
扣除非经常性损益后归属于母公司所有者的净利润（万元）	4 358.41	6 029.06	2 858.03	2 383.61
基本每股收益（元）	0.77	1.28	0.72	1.36
稀释每股收益（元）	0.77	1.28	0.72	1.36
加权平均净资产收益率（%）	13.84	47.18	35.80	60.57
经营活动产生的现金流量净额（万元）	-5 526.85	6 590.90	243.60	4 190.55
现金分红（万元）	—	—	—	60.00
研发投入占营业收入的比例（%）	10.62	6.64	6.58	8.66

四、公司的主营业务经营情况

（一）公司主营业务或产品

1. 主营业务概况

公司聚焦于物联网技术的研发与应用，目前的主营业务包括建筑智能化、智能脱硫运营、智慧环保、智慧城市、环保监控与信息化。

从物联网的三层网络架构——感知层、网络层和应用层的角度来看，公司的技术和业务的发展过程大致如下图所示。

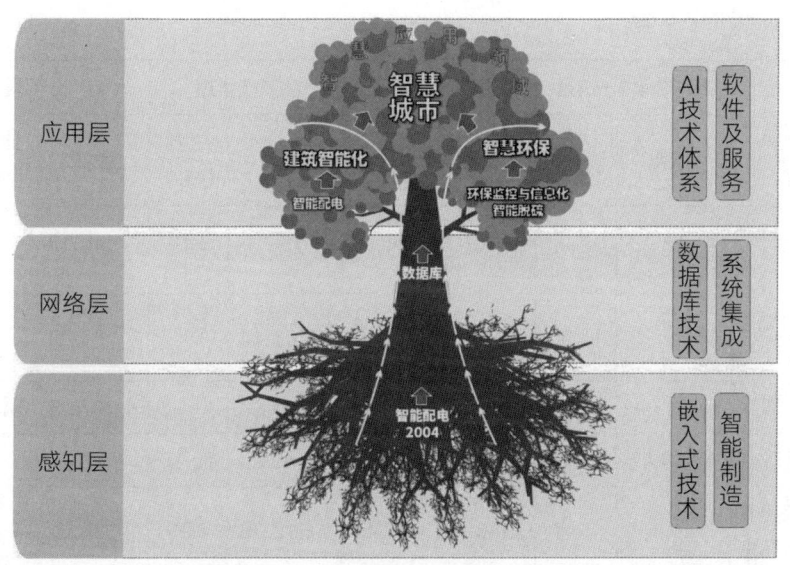

公司的建筑智能化业务是在智能电气成套设备的基础上发展起来，并逐步向智慧城市发展。在环保领域，公司的环保监控与信息化业务面向政府客户，智能脱硫运营业务面向发电企业用户，并已拓展到智慧环保领域。

经过十余年对物联网技术的研发与应用，公司已形成了拥有自主知识产权的智能传感器、云链数据库、物联网IoT平台及人工智能AI算法等核心技术，并积淀了丰富的物联网技术应用经验。

2. 主营业务收入构成

报告期内，公司主营业务收入分别为28 994.52万元、31 651.37万元、38 776.24万元和29 673.23万元。

公司主营业务收入构成划分如下：

单位：万元

项目	2019年1—9月		2018年度		2017年度		2016年度	
	金额	比例(%)	金额	比例(%)	金额	比例(%)	金额	比例(%)
建筑智能化	1 520.93	5.13	13 690.98	35.31	12 487.21	39.45	11 459.97	39.52
智能脱硫运营	5 905.23	19.90	7 931.84	20.46	6 464.44	20.42	6 167.08	21.27
智慧环保	14 029.92	47.28	10 369.03	26.74	3 641.00	11.50	4 097.32	14.13
智慧城市	4 949.05	16.68	3 697.77	9.54	4 969.20	15.70	—	—
环保监控与信息化	141.85	0.48	988.77	2.55	2 213.88	6.99	2 085.22	7.19
其他	3 126.25	10.54	2 097.85	5.41	1 875.64	5.93	5 184.93	17.88
合计	29 673.23	100.00	38 776.24	100.00	31 651.37	100.00	28 994.52	100.00

（二）公司主要经营模式

公司的主营业务主要包括建筑智能化、智能脱硫运营、智慧环保、智慧城市、环保监控与信息化。

（1）建筑智能化

建筑智能化业务通过承接弱电集成工程或提供智能配电设备销售取得相应合同收入。在建筑智能化业务中，应用公司IoT实时数据库对现场智能设备快速接入，联调平台系统等以实现智能建筑合同约定服务内容。

（2）智能脱硫运营

智能脱硫通过承接发电厂脱硫设施委托运营，在合同期限内按发电量、供热量和合同约定的结算单价逐月计算运营收入，承担脱硫运营合同所约定的原材料、人工、运行、检修等相关费用成本。发行人依靠其运营管理和数据分析技术，在保证达标排放的基础上，获取运营服务收入，并不断优化运营降低运营成本，来获得盈利。

（3）智慧环保

智慧环保业务通过为用户建设基于物联网技术建立的环保监测系统，提供持续的环境监测服务。系统按合同约定验收后，取得项目建设收入；对后续转入服务期的项目，发行人通过数据运营服务，持续性取得服务收入。

（4）智慧城市

智慧城市是为政府设计和建设一套综合的城市管理和公众服务系统，通过收取系统开发服务费获得收入。公司面向环保、公安、城管、住建、环卫等领域，设计开发城市综合管理系统。在系统开发验收后，转入数据运营服务期，按照服务期确认服务收入。

（5）环保监控与信息化

环保监控与信息化业务包括环保软件、智能监控设备销售以及系统集成工程。公司通过承接上述业务取得相应的销售收入或系统集成收入。公司提供环保监测设备销售、软件销售，以及平台建设、现场安装、现场调试等。

（三）公司竞争地位

公司核心技术涉及物联网、大数据、人工智能等前沿科技领域，独立承担国家火炬计划、国家科技支撑计划、国家科技进步和产业升级专项等国家级政府专项课题11项，并持续对上述领域进行研发投入，确保公司的核心技术保持竞争力。

公司拥有国际软件能力成熟度认证评估的最高资质CMMI5级资质，以及电子与智能化工程专业承包壹级资质（最高级别）、建筑智能化系统设计专项甲级资质（最高级别）、信息系统集成及服务壹级资质、安全防范工程设计施工壹级资质等50余项资质和产品认证。

公司子公司太罗工业是国家环境保护工业污染源监控工程技术中心的承建单位，该中心是经生态环境部批准并验收的全国25家工程中心之一（工业污染源监控方向）；是物联网应用技术国家地方联合工程研究中心的主要依托单位，该中心经国家发改委批复予以命名；是国家标准《软件工程软件开发成本度量规范》和工信部《软件研发成本度量规范》《信息技术软件项目度量元》行业技术标准的参与编制单位。

公司为政企客户提供物联网智能产品、工程及技术服务。在智慧环保领域，公司通过技术创新，建立了全国大气污染治理领域的"通州模式"，为40余个城市提供智慧环保服务。公司在制定智慧环保整体策略时，以环保部颁布的117个大气污染防治重点城市作为重点突破区域，目前公司已经进入了重点城市中的北京、天津、太原等19个，同时公司亦积极拓展除117个重点城市之外其他城市的智慧环保市场。上述117个城市是我国经济活动水平和污染排放高度集中的区域，大气环境问题更加突出；根据2016年国务院颁布的《"十三五"生态环境保护规划》，已经将空气质量评价扩大覆盖至全国338个城市，同时《全国农村环境质量监测工作实施方案》中将环境质量监测及评价下沉到了乡镇及农村。

随着环保问题日益受到关注，各级政府均高度重视环境质量提升，对于环境实时监测的需求也日益增加，智慧环保业务具有广阔的市场空间（全国有3 000余个市县）和前景。由于未来市场发展空间较大，公司将持续开拓区域市场，强化公司在智慧环保领域的优势。

五、公司技术先进性、模式创新性、研发技术产业化情况以及未来发展战略

（一）公司技术先进性

公司多年聚焦物联网技术研发，已经形成嵌入式系统及智能传感器设计、IoT平台、云链数据库技术、AI算法等核心技术和自主知识产权，共取得74项专利和268项软件著作权，构筑了较高的技术壁垒，以先进技术引领业务发展。

公司的嵌入式产品和智能传感器设计分别具备资源均衡配置和高敏感优势。公司物联网IoT平台支持市场主流通讯协议和非通用协议的快速适配，现场接入即插即通，支持百万级数据高并发，稳定性好。云链数据库以共享交换网络连接云数据库和链数据库，提供安全、可信、高效的数据共享交换服务：云数据库支持数据容量无限扩展和故障自动恢复，提供高性能数据存储和计算；链数据库支持高性能、安全、可信的数据存证。运用人工智能AI技术，深度挖掘、提取大数据的价值，实现复杂场景的智能分析；目前公司人工智能AI技术支持20余种智慧城市场景下的复杂AI算法，能够快速智能识别。

（二）公司模式创新性

公司建立了基于罗克佳华业务特点的"佳华六步"的创新性模式：

第一步，与应用单位进行需求沟通和技术交流，充分发现需求，挖掘需求；第二步，与应用单位、高等院校、科研院所等合作单位进行课题立项，联合研发和创新；第三步，联合应用单位建设标杆性项目，树立试点示范，向全行业推广；第四步，在标杆项目中，建立长期稳定的数据运营模式，在运营过程中优化算法，提升运营水平，升级迭代需求；第五步，通过"标杆效应"，参与编制行业标准和技术规范，向全行业推广和复制；第六步，将先进技术与应用领域结合，引导新需求。建立从产、学、研、用的共同研发、协同创新到引导应用领域发展的正向循环。

以智慧环保领域为例，公司先后推出工况监控系统、总量刷卡系统、大气微观站监测系统、云链数据库技术、环境智能AI识别技术等。通过"佳华六步"创新性的模式，在行业中不断推陈出新，挖掘和引导需求，解决社会的"痛点"问题。

（三）公司研发技术产业化情况

公司高度重视物联网技术创新，在感知层、网络层和应用层三个层面开展研发和产业化：

物联网层级	研发系列分类	专项/课题	研发形成专利	研发形成软件著作权
感知层	智能硬件研发和数据采集	14	64	51
网络层	数据融合	26	1	74
应用层	数据分析和大数据AI服务	12	9	143
	小计	52	74	268

在智能硬件制造和数据采集方面，公司对嵌入式产品设计和智能传感器设计的研发不断被应用于建筑智能化、智慧环保、智慧城市、环保监控与信息化业务当中，从微观站、数采仪、车载移动监测设备、AirPad到万能网关、节能服务器；公司对IoT平台技术的不断研发和创新帮助公司实现对众多传感设备的连接与控制，公司在接入方面的能力突出，能够实现多源数据，多种协议海量级数据的接入，保障公司在数据采集技术方面的能力。

在数据融合方面，公司对云链数据库技术的研发保障了海量数据的融合交互，保证了公司在物联网数据分割、产权各有所属、海量数据的情况下能够安全可信地交换数据、计算数据。

在数据分析和AI服务方面，公司对于人工智能AI的研发不仅帮助公司创新开拓在智慧环保的场景识别和应用，同时帮助公司延伸进入其他领域。

（四）发行人未来发展战略

公司专注于在物联网领域开展科技创新并进行产业化应用。公司通过建筑智能化、智能脱硫运营、环保监控与信息化业务的实施，逐步迭代升级到智慧环保和智慧城市业务，向物联网大数据运营模式发展。

在智慧环保领域，推出云链数据库和大数据AI服务体系，为40余个城市提供数据运营服务，在之后2年中，将拓展全国117个大气污染防治重点治理城市及周边。将环境统计、污染普查、国标站、微观站、巡检车、气象数据等采集数据以及各类多源的环保监测数据汇集融合，并优化数据算法，打造具有影响力的全国生态环境动态数据库和运营体系，为政府、商业、民用等多方面提供智慧环保大数据AI分析服务。

在智慧城市领域，公司以智慧环保为切入点和导流点，同时结合公司在建筑智能化领域的基础，横向拓展智慧城市其他具体应用领域。公司积极研发视频应用、升级云链数据库、拓展人工智能AI算法等，以期将城市的"鼻子"（环境监测）"耳朵"（噪音监测）与"眼睛"（视频监控）结合起来，完善物联网采集中"视觉、听觉、嗅觉、触觉"等城市感知数据，作为智慧城市的数据基础，打通城市管理中不同部门之间的数据壁垒及"孤岛"状态，形成高效的协同配合，提升城市管理和服务水平。

在智能脱硫运营领域，在目前服务单一电厂客户的基础上，将智能脱硫的数据服务能力SAAS化输出，向电厂提供脱硫优化算法和动态管控服务，拓展环保业务领域面向企业用户的物联网大数据服务。

六、发行人选择的具体上市标准

发行人选择的具体上市标准为：预计市值不低于10亿元人民币，最近两年净利润均为正且累计净利润不低于5 000万元人民币，或者预计市值不低于10亿元人民币，最近一年净利润为正且营业收入不低于人民币1亿元。发行人2017年、2018年的净利润（扣除非经常性损益前后的孰低者）分别为2 858.03万元、6 029.06万元，公司2018年的营业收入为3.89亿元，满足上述财务指标。

七、发行人公司治理特殊安排

截至本招股说明书签署日，发行人未发行特别表决权股份或搭建协议控制架构，亦未对公司治理进行其他特殊安排。

八、募集资金用途

经公司2019年第四次临时股东大会审议通过，本次公开发行新股的募集资金扣除发行费用后，拟按轻重缓急的顺序投资于以下项目：

单位：万元

项目名称	投资总额	拟募集资金
1. 大气环境AI大数据体系建设项目	44 581.79	40 000
2. 大数据AI研发体系建设项目		
环境智能传感器升级研发项目	2 029.20	1 500
云链数据库共享交换平台升级研发项目	2 025	1 500
城市人工智能软件研发及产业化项目	10 175	7 000
合计	58 810.99	50 000

如未发生重大不可预测的市场变化，本次公开发行募集资金根据项目的轻重缓急依次按以上排列顺序进行投资，若实际募集资金不能满足上述项目投资需要，资金缺口通过公司自筹解决；若实际募集资金满足上述项目后尚有剩余，公司将结合未来发展规划和目标，用于公司主营业务。

若因经营需要或市场竞争等因素导致上述募集资金投向中的全部或部分项目在本次公开发行募集资金到位前必须进行先期投入的，公司或全资及控股子公司拟以自筹资金先期进行投入，待本次公开发行募集资金到位后，公司或全资及控股子公司可选择以募集资金置换先期自筹资金投入。

上述募集资金投资项目的详细情况，请详见本招股说明书"第九节 募集资金运用与未来发展规划"。

1.3.4 案例评述

结合本案例，对比中国证监会《公开发行证券的公司信息披露内容与格式准则第1号——招股说明书》（2015年修订）和《公开发行证券的公司信息披露内容与格式准则第41号——科创板公司招股说明书》，科创板公司招股说明书信息披露的内容更为详尽，具体变化表现如下。

一、"概览"中新增内容

第二十七条

（五）简要披露发行人技术先进性、模式创新性、研发技术产业化情况以及未来发展战略；

（六）披露发行人选择的具体上市标准；

（七）简要披露发行人公司治理特殊安排等重要事项；

二、"本次发行概况"新增内容

第二十八条

（五）发行人高管、员工拟参与战略配售情况（如有）；

（六）保荐人相关子公司拟参与战略配售情况（如有）；

发行人股东公开发售股份的，还应披露具体方案，包括本次预计发行新股数量，发行人股东公开发售股份的数量，发行费用的分摊原则，拟公开发售股份的股东名称、持股数量及拟公开发售股份数量等。

第三十一条

（一）刊登发行公告日期；

三、科创板与主板在风险因素上的内容变化

结合科创企业的特点，科创板公司招股说明书中应披露以下风险因素：

第三十二条　发行人应遵循重要性原则按顺序简明易懂地披露可能直接或间接对发行人及本次发行产生重大不利影响的所有风险因素。

发行人应以方便投资者投资决策参考的原则对风险因素进行分类列示。

第三十三条　发行人应结合科创企业特点，披露由于重大技术、产品、政策、经营模式变化等可能导致的风险：

（一）技术风险，包括技术升级迭代、研发失败、技术专利许可或授权不具排他性、技术未能形成产品或实现产业化等风险；

（二）经营风险，包括市场或经营前景或行业政策变化，商业周期变化，经营模式失败，依赖单一客户、单一技术、单一原材料等风险；

（三）内控风险，包括管理经验不足，特殊公司治理结构，依赖单一管理人员或核心技术人员等；

（四）财务风险，包括现金流状况不佳，资产周转能力差，重大资产减值，重大担保或偿债风险等；

（五）法律风险，包括重大技术、产品纠纷或诉讼风险，土地、资产权属瑕疵，股权纠纷，行政处罚等方面对发行人合法合规性及持续经营的影响；

（六）发行失败风险，包括发行认购不足，或未能达到预计市值上市条件的风险等；

（七）尚未盈利或存在累计未弥补亏损的风险，包括未来一定期间无法盈利或无法进行利润分配的风险，对发行人资金状况、业务拓展、人才引进、团队稳定、研发投入、市场拓展等方面产生不利影响的风险等；

（八）特别表决权股份或类似公司治理特殊安排的风险；

（九）可能严重影响公司持续经营的其他因素。

第三十四条　发行人披露风险因素时，应针对风险的实际情况，使用恰当的标题概括描述其风险点，不得使用模糊表述。在披露具体风险时，应对风险产生的原因和对发行人的影响程度进行充分揭示。

第三十五条　发行人应尽量对风险因素作定量分析，对导致风险的变动性因素作敏感性分析。无法进行定量分析的，应有针对性地作出定性描述。

第三十六条　一项风险因素不得描述多个风险。风险因素中不得包含风险对策、发行人竞争优势及类似表述。

四、"发行人基本情况"内容变化

（1）将主板中"第八节　董事、监事、高级管理人员与核心技术人员"合并至本节内容；

（2）删除"发行过内部职工股、发行人曾存在工会持股、职工持股会持股、信托持股、委托持股或股东数量超过二百人"相关披露内容；

（3）"发行人基本情况"新增如下内容：

第三十七条

（九）负责信息披露和投资者关系的部门、负责人和电话号码。

第四十二条

（五）最近一年发行人新增股东的持股数量及变化情况、取得股份的时间、价格和定价依据。属于战略投资者的，应予注明并说明具体的战略关系；

（七）发行人股东公开发售股份的，应披露公开发售股份对发行人的控制权、治理结构及生产经营产生的影响，并提示投资者关注上述事项。

第四十七条

发行人应披露本次公开发行申报前已经制定或实施的股权激励及相关安排，披露股权激励对公司经营状况、财务状况、控制权变化等方面的影响，以及上市后的行权安排。

五、"业务与技术"新增内容

第四十九条

（二）主要经营模式，如盈利模式、采购模式、生产或服务模式、营销及管理模式等，分析采用目前经营模式的原因、影响经营模式的关键因素、经营模式和影响因素在报告期内的变化情况及未来变化趋势。发行人的业务及其模式具有创新性的，还应披露其独特性、创新内容及持续创新机制；

第五十条

（一）所属行业及确定所属行业的依据；

（三）所属行业在新技术、新产业、新业态、新模式等方面近三年的发展情况和未来发展趋势，发行人取得的科技成果与产业深度融合的具体情况；

第五十四条　发行人应披露主要产品或服务的核心技术及技术来源，结合行业技术水平和对行业的贡献，披露发行人的技术先进性及具体表征。披露发行人的核心技术是否取得专利或其他技术保护措施、在主营业务及产品或服务中的应用和贡献情况。

发行人应披露核心技术的科研实力和成果情况，包括获得重要奖项，承担的重大科研项目，核心学术期刊论文发表情况等。发行人应披露正在从事的研发项目、所处阶段及进展情况、相应人员、经费投入、拟达到的目标；结合行业技术发展趋势，披露相关科研项目与行业技术水平的比较；披露报告期内研发投入的构成、占营业收入的比例。与其他单位合作研发的，还应披露合作协议的主要内容，权利义务划分约定及采取的保密措施等。

发行人应披露核心技术人员、研发人员占员工总数的比例，核心技术人员的学历背景构成，取得的专业资质及重要科研成果和获得奖项情况，对公司研发的具体贡献，发行人对核心技术人员实施的约束激励措施，报告期内核心技术人员的主要变动情况及对发行人的影响。

发行人应披露保持技术不断创新的机制、技术储备及技术创新的安排等。

六、"公司治理与独立性"章节披露内容变化

将主板招股说明书中的"公司治理"和"同业竞争与关联交易"章节合并为此节。并新增如下内容：

第五十七条　发行人存在特别表决权股份或类似安排的，应披露相关安排的基本情况，包括设置特别表决权安排的股东大会决议、特别表决权安排运行期限、持有人资格、特别表决权股份拥有的表决权数量与普通股份拥有表决权数量的比例安排、持有人所持特别表决权股份能够参与表决的股东大会事项范围、特别表决权股份锁定安排及转让限制等，还应披露差异化表决安排可能导致的相关风险和对公司治理的影响，以及相关投资者保护措施。

第五十八条　发行人存在协议控制架构的，应披露协议控制架构的具体安排，包括协议控制架构涉及的各方法律主体的基本情况、主要合同的核心条款等。

第六十七条　发行人应披露报告期内关联方的变化情况。由关联方变为非关联方的，发行人应比照关联交易的要求持续披露与上述原关联方的后续交易情况，以及相关资产、人员的去向等。

七、"财务会计信息与管理层分析"章节披露内容变化

将主板招股说明书中"财务会计信息"和"管理层讨论与分析"章节合并为本节，并且新增如下内容：

第七十五条　发行人应以管理层的视角，结合"业务与技术"中

披露的业务、经营模式、技术水平、竞争力等要素披露报告期内取得经营成果的逻辑。发行人的管理层分析一般应包括发行人的经营成果,资产质量,偿债能力、流动性与持续经营能力,发行人的重大资本性支出与资产业务重组等方面。发行人应明确披露对上述方面有重大影响的关键因素及其影响程度,充分揭示对发行人经营前景具有核心意义或其目前已经存在的趋势变化对业绩变动具有较强预示作用的财务或非财务指标。

第七十六条

(四)对于研发费用,还应披露对应研发项目的整体预算、费用支出金额、实施进度等情况。

(七)尚未盈利或存在累计未弥补亏损的发行人,应结合行业特点分析该等情形的成因,充分披露尚未盈利或存在累计未弥补亏损对公司现金流、业务拓展、人才吸引、团队稳定性、研发投入、战略性投入、生产经营可持续性等方面的影响。

八、"募集资金运用与未来发展规划"章节披露内容变化

将主板招股说明书中"募集资金运用"和"业务发展目标"两个章节合并为本节。并新增如下内容:

第八十六条 募集资金用于研发投入、科技创新、新产品开发生产的,应披露其具体安排及其与发行人现有主要业务、核心技术之间的关系。

九、"投资者保护"章节披露内容变化

将主板招股说明书中"股利分配政策"及"发行人基本情况"中5%以上股东和董监高重要承诺相关内容合并至本节,并新增如下内容:

第八十八条 发行人应披露投资者关系的主要安排,包括信息披露制度和流程、投资者沟通渠道的建立情况以及未来开展投资者关系管理的规划等。

第九十一条 发行人应披露股东投票机制的建立情况,包括采取

累积投票制选举公司董事、中小投资者单独计票机制,法定事项采取网络投票方式召开股东大会进行审议表决、征集投票权的相关安排等。

第九十二条　发行人存在特别表决权股份、协议控制架构或类似特殊安排,尚未盈利或存在累计未弥补亏损的,应披露依法落实保护投资者合法权益规定的各项措施,包括但不限于下列内容:

(一)发行人存在特别表决权股份等特殊架构的,其持有特别表决权的股东应按照所适用的法律以及公司章程行使权利,不得滥用特别表决权,不得损害投资者的合法权益。损害投资者合法权益的,发行人及持有特别表决权的股东应改正,并依法承担对投资者的损害赔偿责任;

(二)尚未盈利企业的控股股东、实际控制人和董事、监事、高级管理人员及核心技术人员关于减持股票所做的特殊安排或承诺。

1.4　从来伊股份 IPO 定价看股票发行市场的低定价效率[①]

1.4.1　案例背景

一、公司简介

来伊股份由施永雷和郁瑞芬于1999年共同创立,是一家经营自主品牌的休闲食品连锁经营企业,是国内销售规模、拥有门店数量领先的

---

① 陈云垚. IPO定价及其市场反应的研究——以来伊股份为例 [D]. 南京:南京财经大学,2016.

休闲食品连锁经营企业之一。来伊股份致力于构建国内领先的专业化休闲食品连锁经营平台,以"健康、美味、新鲜、优质"为理念,精确把握市场消费潮流,精选国内外各类优质休闲食品。目前公司销售炒货、肉制品、蜜饯、水产品、糖果/果冻、膨化、果蔬、豆制品、糕点等九大类,共计700多种特色产品。随着公司规模不断扩大,公司正继续拓展营销网络覆盖的区域,根据不同地域需求推出更多符合当地口味的产品,不断丰富公司产品种类,以差异化、特色化、丰富化产品占领市场。截至2016年6月,公司的加盟供应商已超过160家,零售的食品种类繁多,共计包括炒货、蜜饯、膨化等在内的九大类、近千种产品。2015年末,来伊股份在全国的员工规模已近1万名,注册会员超过950万,发行储值卡超过1 100万张,共计2 300多家直营和加盟门店分布于江浙沪以及北京、安徽等10余个省、直辖市,2015年营业收入超过30亿元。来伊股份先后获得"中国驰名商标""中国休闲食品知名品牌""上海名牌产品""2010上海博览会特许零售商""最具影响力特许品牌""全国三八红旗集体"等多项荣誉。

来伊股份自成立以来,坚持"领鲜到底"的产品理念,秉承"传播休闲文化,创造快乐无限"的企业使命,以打造"良心工程、道德产业"为己任,以供应链整合体系为基础,以综合信息化管理平台为支撑,通过"以直营连锁为主、特许加盟等多种渠道为辅"的方式进行标准化的连锁运营管理,打造了一个传统产业与现代经营模式有机结合的国内休闲食品连锁业领先品牌。

二、公司上市过程

上海来伊股份股份有限公司于2016年10月12日在上海证券交易所主板正式挂牌,股票代码为603777,股票简称"来伊股份",公开发行6 000万股,发行价格为11.67元/股,标志着企业进入崭新的发展里程。以下是来伊股份IPO情况一览。

发行状况	股票代码	603777	股票简称	来伊股份
	申购代码	732777	上市地点	上海证券交易所
	发行价格（元/股）	11.67	发行市盈率	22.99
	市盈率参考行业	零售业	参考行业市盈率（最新）	40.82
	发行面值（元）	1	发行前每股净资产	6.38
	网上发行日期	2016.9.23	网下配售日期	2016.9.23
	网上发行数量（股）	24 000 000	网下配售数量（股）	36 000 000
	老股转让数量（股）	—	总发行数量（股）	60 000 000
	申购数量上限（股）	24 000	顶格申购需配市值（万元）	24
	中签缴款日期	2016.9.27	市值确认日期	T-2日（T：网上申购日）
	主承销商	中信建投证券股份有限公司	承销方式	余额包销
	股利分配政策	股票发行前公司滚存未分配利润由发行后的新老股东按持股比例共享		

资料来源：来伊股份招股说明书。

三、公司CAR值分析

上市公司一段时间内的股票价格走势受到多重因素的影响，能够反映出投资者以及市场整体对于股票的反应。对于公司股票行情的考量与分析，最直观的就是计算其公司股票以及行业整体在同一时期内的累计超额收益率。

累计超额收益率（Cumulative Abnormal Return, CAR），代表的是个股股价以行业指数变化为参照，在一定时期内超出理论上正常收益的总数。对于新上市的股票而言，计算并分析其上市后一定时期内的CAR值，并与行业平均值以及同行业其他公司的CAR值进行对比，能够直观判断该时段内的市场对其定价的反应。

CAR值计算主要分为以下四个步骤：

首先计算同一时期内单个股票的每日收益率

$$R_{i,t}=\frac{P_{i,t}-P_{i,t-1}}{P_{i,t-1}}$$

此处，$R_{i,t}$表示第i种股票在第t天的实际收益率，$P_{i,t}$表示第i种股票在第t天的收盘价，$P_{i,t-1}$表示第i种股票在第$t-1$天的收盘价。

其次计算同一时期内每天行业指数的实际收益率，并据此计算个股每日的理论正常收益率

$$R_{m,t}=\frac{P_{m,t}-P_{m,t-1}}{P_{m,t-1}}$$

$$R'_{i,t}=r_f+\beta_i(R_{m,t}-r_f)$$

此处，$R_{m,t}$表示在第t日股票所在行业的指数实际收益率，$P_{m,t}$表示行业在第t日的收盘指数，$P_{m,t-1}$表示行业在第$t-1$日的收盘指数，$R'_{i,t}$表示第i种股票在第t日的正常收益率，r_f表示无风险收益率，一般以一年期国债收益率为此无风险收益率，β_i表示第i种股票系统风险系数。

再次计算超额收益率

$$e_{i,t}=R_{i,t}-R'_{i,t}$$

$$AAR_t=(1/n)\sum e_{i,t}$$

此处，$e_{i,t}$表示第i种股票在第t日的超额收益率，AAR_t表示行业在第t日的平均超额收益率。

最后计算累计超额收益率

$$CAR=\sum AAR_t$$

选取来伊股份2016年10月12日开始公开交易，至12月30日共计进行了58个交易日的上市交易数据，通过中国债券信息网确定了该时期内一年期国债收益率，即无风险利率为2.7507%，并查阅了Wind金融数据库收集了样本公司2016年所有的系统风险系数（β值），最终计算出来伊股份所属零售业的CAR值为54.85%，来伊股份的CAR值为248.54%，

远远超过零售业整体平均CAR值水平。一方面，超高的累计超额收益率表明来伊股份在上市后受到了投资者的广泛关注与青睐，股票价格在一轮轮的买卖竞价中被推向了极高的水平，呈现出了投资者对于新股上市的狂热追捧的市场反应；另一方面，累计超额收益率反映的是个股的实际收益率扣除理论上的正常收益率之后的超出部分，来伊股份的累计收益率如此之高，也从另一个角度反映出其IPO定价并非完全体现了其内在价值和市场需求，定价效率偏低。并且与同期上市的公司相比发现，随着上市时间的推移，2016年上市公司的日均CAR值呈现出明显的上升趋势，上市时间越晚、股票越"新"，其日均超额收益率就相对攀升，说明投资者对新股的市场反应强烈。股票超额收益率的高低受多个因素的影响，包括股票价格走势、行业走势、个股的系统风险系数等，而这些因素都能传达出市场反应的程度。同期上市的众多公司在上市后同样的一段时间区间内，累计超额收益率均处于一个较高的水平，说明市场对新股上市的反应较为强烈，投资者有浓厚的投资新股的意愿，这些较为强烈的市场反应推高了股票价格的走势。

来伊股份上市首日报收发行价四倍左右，其发行定价是否合理成为了该现象的关键之一。根据市盈率来计算股票价格，即股票估计价格=市盈率×每股收益的公式。通过分析2011—2016年的财务数据和市盈率数据，得出来伊股份股价区间应当在5.13~47.06元/股之间。由此可见其11.67元/股的发行价在区间内属于较低的定价水平，其股价后来的走势符合企业内在价值。

四、来伊股份低定价原因分析

一是前期IPO失败使保荐机构等被迫采取较为保守的低定价。2012年4月，来伊股份向深圳证券交易所上交了招股说明书，并准备上市发行5 000股。但是4月24日晚上，中央电视台的《消费主张》栏目公开报道了有毒蜜饯流入市场事件，多地多家蜜饯加工作坊暴露于镜头之下，其生产环境之恶劣、食品添加剂之泛滥，令人触目惊心。而其中便有来伊股份蜜饯类产品的供应商：灵鑫、梅园和永海。当晚来伊股份公司官网便连发两条声明，对该事件进行深入调查，并承诺会给消费者正面的答复，消费者可到各地门店退货。次日凌晨，公司官网再次发布紧急通知，已在全国下架三家曝光供应商的所有蜜饯产品。上海来伊股份股份有限公司于4月26日以召开新闻发布会的形式，公开对毒蜜饯的报道进行解释。尽管该公司公开出示了涉及事件产品的检测报告，公开宣称产品合格，并出示了相关证明，但仍无法避免该公司产品销售量的下降。该公司申请上市发行股票的申请经中国证监会7月27日审查但没有批准该申请。在这次IPO因产品质量问题二次流产之后，来伊股份于2012—2015年又相继被爆出数次质量问题；同时也有专业人士指出，目前我国坚果炒货行业整体质量下滑，各地区在这一方面的食品安全检测也是各自为政，缺乏统一合理的安全检测标准。而作为来伊股份的主营业务，一旦食品安全被打上问号，企业也将受到很大的波及，这是来伊股份扩张市场过程中需要面对的一大难题。这些都迫使承销商对来伊股份今后的经营状况保持一份谨慎，从而一定程度上看衰其IPO前景，采取较低的定价。

二是过分依赖江浙沪地区，发展模式易被复制，导致行业竞争剧烈，发展前景不明朗。来伊股份2012—2015年的年度财务报告显示，江浙沪是公司业务的"大本营"；排除这三地之后，销售增长依旧稳定的只有北京和安徽两地，湖北、天津和山东的销售增长几乎为零。而在四川等地，来伊股份的销售收入连年下跌，多个门店相继关闭。来伊股份整体业绩的不理想主要有几个方面的原因，第一，向外地扩张的决策错误。由于不同地区的零食市场都有其多年发展形成的"地头蛇"，来伊股份贸然选择进军外地市场，必然会受到排挤，发展过程举步维艰。第二，来伊股份的商业模式过于简单，经常受到竞争对手的模仿，从而加剧了行业竞争。来伊股份的商业模式主要靠零食生产商加盟、本公司贴牌销售，并以门店零售为主要销售渠道，这种传统而简单的"筐+

秤"量贩模式极易受到同行业的模仿。再加上近年来，国家大力支持创业，与来伊股份类似的各种零食店如过江之鲫，数不胜数。第三，依托门店为主要销售渠道的情况下，销售收入、经营业绩受店铺选址、租金水平、人工成本等的影响较大，承受的风险也相应较大。有些经营者认为，国内10 000多名公司员工工资和2 000个连锁店租金的上涨在未来是百分之百会发生的，届时这方面的因素会成为来伊股份经营业绩的最大压力，这也是其对来伊股份IPO及股价变化持保留态度的原因所在。这使得行业整体竞争非常剧烈，为公司今后的发展蒙上了一层阴影，间接导致IPO低定价。

三是净利润增长的不稳定以及电商方面的短板降低了来伊股份的企业内在价值。数据显示，2011—2014年，来伊股份营业收入分别为251 804.16万元、275 762.70万元、274 962.09万元、285 760.46万元，2012年、2013年、2014年公司与上年同一时期的运营收入的增长速率分别是9.51个、-0.29个、3.93个百分点，公司与上年同一时期的净利润的增长速率分别是-74.95个、215.7个、38.72个百分点，2011—2014年，净利润分别是13 575.64万元、9 786.10万元、3 099.82万元、12 375.60万元，增长态势非常不稳定。虽然2012年净利润的暴跌很大程度上受央视曝光问题的影响，但变动如此剧烈的净利润涨幅还是难以让人放心。同时，在这段时期内，虽然来伊股份的门店数量直线增长，但公司利润方面却并未呈现相匹配的增长。按照净利润/门店数量换算平均利润水平的话，2010年，每家门店平均盈利5.82万元；2011—2014年，这一数字分别为4.84万元、1.21万元、4.48万元、6.23万元。而2014年平均门店利润的上升是依靠门店数量的下降实现的。

同时，商超系统合作力度较低以及电商营销平台的缺乏也是来伊股份市场扩张和发展过程中的严重短板。来伊股份在信息披露中显示，2014年末公司旗下仅有一家为自有房产，与超市的合作也只有11家，其余2 166家门店均为租赁经营。来伊股份采取门店租赁方式的初衷，是看中租赁形式下门店具有灵活性，但租赁带来的一大负担就是租金压力。在来伊股份2014年招股说明书中，门店租金和店铺选址也被写入到了经营风险中。2011年前，来伊股份每年门店租金总额占总收入的不到8%，从2012年开始这一数据逐渐上涨到了10.54%、10.22%和9.89%。

电商平台方面，来伊股份2014年电商公司净利润为345.5万元，这一数据与同行业其他公司，例如三只松鼠、"好想你"红枣、良品铺子等相比相去甚远，完全不在一个水平上。根据来伊股份招股说明书上的募资用途来看，其主要营销途径还是集中在线下门店，对年轻消费群并没有比较系统的发展电商的具体规划。根据咨询公司Frost & Sullivan的统计与预测，我国电商平台上休闲食品的需求规模接近1 000亿元，在这样的市场大环境下，电商平台方面的短板将极大制约来伊股份的后续发展。

公司IPO的价格归根结底也是对其企业内在价值的一个体现。上述三大因素严重拉低了来伊股份在企业内在价值评估中的表现，故导致了IPO价格较低。

1.4.2　案例评述

公司上市后的股票走势以及超额收益率等的分析都显示出了来伊股份股票上市后投资者疯狂追捧的市场反应。市场投资者对公司未来发展态势预期越高，投资者就越积极。来伊股份上市三年多来，股价已经不断趋于平稳，目前在发行价上下波动。今后股价的表现，则更多地要视大盘情况以及来伊股份经营战略而定。如果来伊股份在商超系统及电商平台两大当下主流销售渠道中的销售业绩无法拓展提升，那么其股价未来的走势还是具有不确定性。

事实上，IPO定价及其市场反应既能反映出我国股票发行市场的普遍低定价效率。发行抑价是金融管制产生的直接结果，金融管制限制了价格对相关市场信息的充分调整，造成了人为的抑价，同时也造成了社会福利的损失；二级市场在监管制度上存在着卖空限制，价格的进一步变化走势也会受机构投资者出于让自身获得高收益需求的影响，而被盲目抬高。想要达到降低IPO首日超额收益、提高IPO定价效率的目的，不仅要依靠我国证券市场的深化改革和发行政策的不断完善，更需要建立维护健康的二级市场交易秩序，让股票价格的长期发展变化更为稳定。

■ **思考题**

1. 结合案例，试述我国主板与科创板管理制度的主要区别。

2. 跟踪来伊股份的股价走势及经营业绩，分析来伊份案例中IPO定价是否合理？探讨我国IPO"新股不败"的成因。

第 2 章

并购重组

本章学习目标

1. 熟悉并购的类型
2. 提高并购的价值判断能力
3. 了解并购中换股比例的确定方法

2.1 概述

兼并收购（Merger and Acquisition, M&A）业务已经成为现代投资银行的主要业务，尤其是在最近20年，兼并收购活动在范围、规模和数量上都达到了前所未有的程度。历史上，美国出现过五次企业并购浪潮，在这五次并购中，投资银行发挥了不可替代的重要作用。在兼并收购过程中，投资银行通过为并购双方提供所需服务来帮助双方实现各自的目标。投资银行在企业实施兼并收购中充当顾问的角色，投资银行家们运用自己的专业知识和丰富经验为企业提供战略方案、资产评估、并购结构设计、价格确定及收购资金的筹措，统一协调参与并购工作的会计、法律、专业咨询人员，最终形成并购建议书，并参与谈判。

企业并购的类型可以从不同角度划分。

一、按并购中各方的产品与行业关系划分

（一）横向并购

横向并购是指同行业中两家或两家以上具有竞争关系的、从事相同或相似业务、生产相同或相似产品的企业间的并购。这种并购可以扩大生产规模、消除部分竞争对手，进而更有力地控制市场。但由于这种并购有垄断倾向，容易招致法律限制。

（二）纵向并购

纵向并购是指某个产业链中在生产工艺或经营销售环节上相互衔接、互为上下游关系的企业间的并购。纵向并购又可以分为前向并购和后向并购，前向并购是指生产经营中后一环节的企业对前一环节的企业的并购，即对供应商的并购；而后向并购是指生产经营中前一环节的企

业对后一环节的企业的并购,即生产商对其用户的并购。纵向并购的目的在于控制某产业生产和销售的全过程,缩短生产周期,精简生产流程,节省交易费用,组织产业化生产,实现纵向一体化。

(三)混合并购

混合并购是指处于不同产业领域,产品属于不同市场,在生产和其他职能上没有特别联系的两家或多家企业之间的并购。并购各方既非竞争对手,又非现实和潜在的客户或供应商关系,他们并购的目的在于通过分散投资、多元化发展来降低企业的经营风险。

二、按并购的支付方式划分

(一)承担债务式并购

承担债务式并购是指当并购中的目标企业资不抵债或资债相抵时,并购方通过承担目标企业部分或全部债务来取得对目标企业的所有权和控制权。

(二)现金购买式并购

现金购买式并购包括现金购买资产或股权。现金购买资产是指并购方用现金购买目标企业的全部资产,使其成为除现金外没有持续经营物质基础的空壳企业,不得不从法律意义上消失。现金购买股权是指并购方用现金购买目标公司的股票或股权,取得大部分或全部股本,达到控制的目的。

(三)股份交易式并购

股份交易式并购包括以股权换股权和以股权换资产。以股权换股权是指并购方向目标企业股东定向发行本公司股票,以换取目标企业的大部分或全部股票,使目标企业成为并购方的子公司,或者解散并入并购方,从而达到并购的目标,原目标企业股东成为并购后的存续企业的股东。

(四)混合购买式并购

混合购买式并购是指以现金、股票、债券等多种手段购买或交换目标企业的资产或股份以达到控制目的的并购行为。这种方式灵活，在实际中采用的比较多。

三、按并购的操作方式划分

（一）直接并购

直接并购是指由并购方直接出面，向目标企业提出并购要求，并在履行各项法定手续的基础上完成并购。直接并购分为向前并购和反向并购。

1. 向前并购：是指并购完成后，并购方为存续企业，而目标企业的独立法人地位将不复存在。

2. 反向并购：是指并购完成后，目标企业为存续企业，而并购方的独立法人地位将不复存在。同时，原并购方股东成为并购后的存续企业的大股东。

（二）间接并购

间接并购是指并购方不直接出面收购，而是先设立一家子公司或控股公司，再以这家子公司或控股公司的名义并购目标公司。间接并购可分为三角并购和反三角并购两种。

1. 三角并购：是指并购方先设立一家子公司或控股公司，再用这家子公司或控股公司的名义兼并目标企业。并购完成后，由于并购方没有直接出面，因而对目标企业的债务不承担责任，而由其设立的子公司或控股公司承担，并购方对于子公司或控股公司的投资是象征性的，子公司与控股公司的设立完全是为了收购目标企业而非经营，因而又称为空壳公司（Shell Subsidiary）。

2. 反三角并购：反三角并购相对比较复杂，收购公司首先设立一个全资子公司或控股公司，然后该子公司被目标公司并购，收购公司用其拥有子公司的股票交换目标公司新发行的股票，同时目标公司的股东获得现金或收购公司的股票。其结果是目标公司成为收购公司的全资子公司或控股公司。

四、按并购双方是否友好协商划分

（一）善意并购

善意并购（Friendly Acquisition）是指并购双方通过共同友好协商，在并购价格、并购后资本结构、人员安排等方面的相关事宜上达成一致，签订并购协议，并经双方董事会批准完成并购，因此在善意并购中，并购公司被称为"白衣骑士"，是目标公司更加愿意接受的买家。"白衣骑士"往往会承诺不解散公司或不辞退管理层和其他雇员，目标公司则向"白衣骑士"提供更加充分的信息和一个更优惠的价格，从而降低了并购行为的风险与成本。

（二）敌意并购

敌意并购（Hostile Acquisition）是指并购方在目标企业不知情或反对的情况下采取非协商性的手段对目标企业进行强行并购的行为。并购方一般通过秘密收购目标企业分散在外的股票等手段，对目标企业形成包围之势，使目标企业不得不接受条件，将企业出售，从而实现控制权的转移。在敌意收购的情况下，并购方由于无法获得充分的资料，会导致收购风险增大，而且目标企业常常会采取反收购措施，使得收购方风险和成本进一步加大。

（三）熊抱

熊抱（Bear Hug）是介于善意并购和敌意并购之间的收购方式，指收购方先向目标企业提出收购协议，如果目标企业接受的话，并购方将以优惠的条件将其收购；否则，收购企业将在二级市场上大举购入目标方股票，以恶劣的、敌意的条件完成。

五、按融资渠道角度划分

（一）杠杆收购

杠杆收购（Leverage Buyout）简称LBO收购，是指一家公司主要通过借入资金购买另一家公司。通常并购方先投入资金，成立一家完全置于其控制之下的"空壳"公司，而"空壳"公司以其资本和未来买下的目标公司的资产及其收益作为担保进行举债。20世纪80年代以来，西方主要通过发行一种高利率风险债券，即"垃圾债券"来筹资，由此形成的巨额债务由未来被买下的目标公司的资产及收益作保证，只要目标公司的财务能力能承担如此规模的债务，就不会有太大的清偿风险。

（二）管理层收购

管理层收购（Management Buyout）简称MBO收购，是指当目标公司面临被收购的情况时，由于目标公司的管理层对公司情况最为了解，最清楚公司是否还具发展潜力，如果结论是肯定的，管理层将会采取LBO收购的方式，即设立一家新公司通过大量举债筹资，然后对目标公司的股东所持有的股票进行收购。一般情况下，管理层通过向商业银行贷款来筹资，而非发行债券。

（三）发行可转换债券收购

可转换债券是指在一定时期内可以转换成公司股票的债券。前面所述的LBO、MBO收购实际上都隐藏着巨大的财务风险，因为如果收购失败，巨额的债务该如何清偿是一个很棘手的问题。而可转换债券由于兼具了股票和债券的特点，如果收购成功，它可以在一定时期后将债券变成股票，享受股价上涨带来的好处，如果收购不成功，它也可以享受债券带来的利息好处。

六、按收购手段划分

（一）要约收购

要约收购是收购人通过向目标公司的全体股东发出购买其所持该公司股份的书面意思表示，并按照其依法公告的收购要约中所规定的收购条件、价格、期限以及其他规定事项，收购目标公司股份的收购方式。要约收购不需要事先征得目标公司管理层的同意，而是由收购人提出统一的收购要约，并由受要约人（目标公司股东）分别承诺，从而实现收购人的收购意图。要约收购是成熟证券市场上最主要的收购形式，其最大的特点是在所有股东平等获取信息的基础上由股东自主做出选择，因此被视为完全市场化的规范的收购模式，有利于防止各种内幕交易，保障全体股东尤其是中小股东的利益。

（二）协议收购

协议收购是指收购人通过与目标公司的股东反复磋商，并征得目标公司管理层同意的情况下，达成协议，并按照协议所规定的收购条件、价格、期限以及其他规定事项，收购目标公司股份的收购方式。协议收购必须事先由收购人与目标公司的股东达成书面转让股权的协议，据此协议受让股份，实现收购目的。协议收购有其明显的优点：可以不必经过要约收购所必须的烦琐手续而迅速取得目标公司的控制权；由于不在证券交易所内进行，也不必交纳任何佣金或费用，可大大降低收购成本；对目标公司的股票价格不直接产生影响，可避免证券价格的过分波动。但是，由于协议收购在信息公开的程度、交易机会的均等方面不及要约收购，因此，在投资者的利益保护方面较难令人满意。

2.2 "三联集团"收购"郑百文"

2.2.1 案例背景

一、公司简介

郑百文（郑州百文股份有限公司）前身为郑州百货文化用品采购供应站，1988年12月经批准成为郑州市第一家商业行业股份制试点企业，1989年9月在合并郑州市百货公司和郑州市钟表文化用品公司并向社会公开发行股票的基础上，组建成立郑州百货文化用品股份有限公司。1992年6月公司增资扩股后更名为郑州百文股份有限公司（以下简称郑百文）。1996年4月18日经中国证监会批准在上海证券交易所上市交易。公司主营家电、日用百货、文化用品、照相器材等。

郑百文的第一大股东是拥有全部股本14.62%的郑州市国资局，该国有股目前由郑州市国资局全资公司——郑州百文集团有限公司持有。按照郑百文公布的数字，1997年其主营规模和资产收益率等指标在深沪上市的所有商业公司中均排序第一，成为国内上市企业百强之一。而且，郑百文还是郑州市的第一家上市企业和河南省首家商业股票上市公司。这些数字和这些第一，使郑百文在当时的证券市场声名大噪，股价也从刚上市时的6.50元左右上涨至1997年5月12日的22.70元。不仅如此，当时的郑百文还被塑造成为当地企业界耀眼的改革新星和率先建立现代企业制度的典型。然而，就在被推举为改革典型的第二年，即1998年，郑百文即在中国股市创下每股净亏2.54元的最高纪录，而上一年它还宣称每股盈利0.448元。1999年，郑百文一年亏损9.8亿元，再创沪深股市亏损之最。由于郑百文的账目极为混乱，真实性和完整性不能保证，1998年度和1999年度，郑州华为会计师事务所和北京天健会计师事务所连续两年拒绝为其年报出具审计意见。截至2000年6月30日，ST郑百文总股本为19 758.2119万股，其中流通股为10 709.92万股，国家股为2 887.7869万股，法人股为6 160.505万股。最大股东为郑州百文集团有限公司，持有（国家）股份2 887.78万股。每股净资产为-6.8856元，资产负债率高达216.76%，总负债为24.75亿元，而总资产仅为9.7亿元，已是严重资不抵债。ST郑百文最大债权人是中国信达资产管理公司（以下简称信达公司），其拥有的债权约为20.76亿元。2000年8月22日，ST郑百文被停牌。如此严重资不抵债的郑百文并没有破产，在其债权人信达公司向郑州市中级人民法院提起的郑百文破产申请被驳回之后，在政府及有关部门的支持下，山东三联集团作为战略投资者提出了重组郑百文的方案。

二、重组方案

（一）山东三联集团简介

三联集团（山东三联集团公司）是山东省政府重点培植的八大骨干企业集团之一，是一个以服务业为主导产业，以知识密集、技术密集为依托的大型综合性经济组织。三联集团还是一个投资多元化的企业集团，公司经营领域涉及电子信息、旅游、房地产等行业，并取得骄人业绩。目前拥有国内规模最大的商用多媒体宽带光纤信息网络——"百灵网"。公司注册资本20亿元，拥有净资产32.5亿元，员工两万余人，其中各类专业技术人员9 000余人；经营领域涉及商贸、电子信息、旅游、房地产等行业，分别达到国际或国内领先水平；拥有下属企业140多家，分布于山东、广东以及美国旧金山等地。三联集团下属全资公司三联商社已在山东省建立连锁店71家，特许维修站100余家，形成了遍布全省的连锁经营网络。1998年，三联商社以26.88亿元的销售净额位列商业百强第3名，1999年更增加到34.31亿元，荣登全国专业店榜首，被誉为中国家电第一店。

（二）重组过程

2000年5月，三联集团开始与郑百文接触，三联集团主动找到郑百文主要债权人信达公司，表达了愿意介入的兴趣，很快得到了郑百文及信达公司的认可，于是拉开了郑百文资产重组的序幕。

2000年12月3日，信达公司等4家单位在北京宣布了ST郑百文的重组方案：郑百文向信达公司定向募集股本，募集资金用郑百文21亿元债务冲抵；信达公司以3亿元的价格将定向募集到的2亿股权转让给三联集团，三联集团将以50%的股权控股郑百文。

三联集团向信达公司购买上述股权后债权将全部豁免；同时，公司其他全体股东（包括流通和非流通）需将所持股份的50%过户给三联集团，不同意者将由公司按公平价格回购。

三联集团控股后首先将郑百文的全部资产剥离，由信达公司出让给郑州市政府，继续经营原家电销售业务。重组成功后，信达公司从三联集团和郑州市政府共获得6亿元现金，债务回收率近30%。

三联集团注入旗下三联商社的部分优质资产，装入郑百文空壳中，郑百文原股东继续持股，但每股资产已发生变化。三联集团实际买壳投入约5亿元。

至此，郑百文的重组画上圆满的句号，该方案交由董事会讨论同意后执行，如董事会对该方案审议同意，郑百文将会赶在被PT处理的最后期限（2000年12月30日）以前复盘，届时郑百文的投资者在经历了苦苦的等待后，终于可以松口气了，至少他们的股票没有变成废纸，实属不幸中的万幸。

（三）重组效应

从完成重组前各方设定目标的角度来看，郑百文重组是成功的，这不仅体现在通过重组，郑百文相关利益方得到了不同程度的受益，更重要的是，重组的成功使得郑百文公司免于退市或破产的风险，并获得了持续发展的能力。三联集团收购郑百文，可以说形成了共赢的局面。

1. 重组方三联集团是本次重组中的赢家。在此次重组中，三联集团付出了很大代价，但获得了宝贵的上市公司壳资源，获得了主动权，为日后的大发展奠定了基础。

三联集团付出较大的现金及实物主要包括：通过存量重组，向信达公司支付3亿元现金换取信达公司对郑百文约15亿元的债权；通过增量重组，向郑百文注入2.5亿元优质资产（按15倍市盈率计，三联集团注入的2.5亿元资产，市场价值约4亿元）；通过给予郑百文集团2.5亿元债务豁免的补偿，换取郑百文集团对郑百文资产、债务重组的支持；向郑百文集团支付3 000万元托管费；为郑百文名下的1.5亿元债务向郑百文债权人提供还款保证等。

三联集团获得的回报主要包括：郑州市政府为了实现郑百文重组，给予了许多优惠政策。如将郑百文富余员工划归母公司郑百文集团、将郑百文其余债务划归母公司郑百文集团、给予税收优惠等；三联集团以零价格获得郑百文50%的股权（包括5 354万股流通股），根据协议三联集团3年后有权将股票全部抛售。如果重组方案顺利实施，郑百文在3年内完成扭亏盈利，则这些流通股将带给三联集团巨大的收益；通过重组，三联集团可以进一步拓展其在家电零售业务中的全国市场，建立广泛的市场销售网络，逐步塑造自己行业领导者的形象。这次重组，三联集团从战略角度达到了调整集团产业结构，提升自己核心竞争力的目的；最重要的是，对于三联集团而言，这次重组使三联集团获得了一个干净的郑百文壳资源，成功实现了"借壳上市"，打通了公司通过证券市场进行直接融资的通道。

2. 信达公司看似蒙受了巨大损失，但也完成了约6亿元的债权回收。否则的话不仅颗粒无收，而且每天还会有百万以上的利息记入账中，收债苦果更难下咽了。

在重组中，信达公司以3亿元向三联集团转让了其中约15亿元债权，三联集团将分六期完成这3亿元债务的支付。在此期间，三联集团将通过股权质押的形式为这3亿元债务提供担保；母公司郑百文集团承担了郑百文对信达公司的5亿元债务，其中3亿元债务由第三方提供抵押担保，如果郑百文集团在4年内向信达公司偿还3亿元债务，其余2亿元债务将自动豁免。因此在本次重组中，信达公司放弃了大约15亿元无担保债权，总共从三联集团和郑州市政府获得约6亿元的现金补偿，其债务清偿率近30%。用约20亿元的债权只换回6亿元的现金，看似损失巨大，但实则收获不小。因为，如果不能重组，只有破产，破产后信达公司可以收回的资金数额显然要少许多。

3. 郑百文终于保得全身，虽已更弦易主，面目全非，但毕竟留得了青山。重组过程中发生的变化包括：股东权益大幅增加。郑百文股东权益实现由负转正的变化，每股净资产由2001年底的-6元增加到2002年底的1元。同时，每股收益、净资产收益率等财务指标也得到较大改观，现金状况得到改善。由于三联集团分两次共注入约1.3亿元现金，公司货币资金由2002年底的4 000多万元上升为2003年3月31日的1.9亿元左右；由于债务豁免，公司2002年度的财务费用同比下降76.4%；主营业务及结构发生较大变化。公司原来的洗涤化妆、日用百货、文化用品等商品批发业务转出，变更为家电类、信息类和通讯产品类的零售业务，主营业务的改变带来毛利率的提高（约2.3%）；股东、债权人、公司职工的利益得到了较好维护，保持了当地社会的稳定，为当地政府保留了上市壳资源，为企业未来发展铺平了道路；重组后公司股价在二级市场的表现也令人瞩目。2001年1月16日，公司重组停牌前的股价为5.48元/股，重组完成后2003年7月18日复牌的首日，公司股价以9.96元开盘，10.30元/股收盘，中间价最高达到12.18元/股。

2.2.2 案例评述

从并购类型来看，该案例是典型的横向并购。一般来说，从宏观而言，企业并购能够使资源重组，实现优化配置，提升经济效率；从微观而言，交易各方也可以通过并购获得一定的经济利益，实现共赢。这也是并购重组如火如荼发展的内在动力。

但三联集团收购郑百文有其历史特殊性。政府的大力支持是此次重组成功的关健。该计划自始至终得到了郑州市政府和中国证监会的大力支持。郑州市为保证壳资源不流失煞费苦心；各相关部门通力合作，中国证监会也发挥了重要作用。在一个高度市场化的资本市场，在建立退出机制时是不需要政府出面干预的，真正的市场机制应由市场来决定。因此三联集团收购郑百文的特殊性在于，我国新兴证券市场发育之初有其特殊性的一面，主要表现在上市公司从一开始就不是市场培育的。过去，我们对公司上市实行额度管理的制度，地方政府在企业改制中起重要作用，这有很大的弊端。郑百文公司在上市初始时靠假报表，在以后的报告中又多次弄虚作假，使广大投资者对上市公司的质量不能不产生怀疑。然而郑百文的投资者认为它还有投资价值,既然还有人认为这个壳有价值,就说明郑百文在市场中还有存在的必要,这里的核心要素是上市公司壳资源在特定历史条件下是有价值的。如果有一天股价跌没了,壳资源也没有价值了,不破产也是不可能的。

由此可见,本案虽然实现了多赢,但是在特定条件下的多赢,是前期制度性缺欠的多赢产物。

2.3 "盈动"收购"香港电讯"[①]

2.3.1 案例背景

1999年香港商人李泽楷提出数码港创意,以此收购得信佳上市,公司一夜增值424亿港元,"小超人"一举成名;2000年在网络信息业最红火、盈动股价最高时,李泽楷48小时内融资120亿美元,面对新加坡电讯的竞争,快速鲸吞香港电讯,使其公司的主业由盈利前景不确定的网络业务变成有优良现金流的市话与移动电话业务,躲过了IT股巨跌的风暴,实现了主业的软着陆。但收购后,债务负担严重,股票市值不断下滑,市场份额持续下降。2003年6月,李泽楷辞去行政总裁一职。并购后的电盈股东认为,自该公司在2000年向大东电报局收购香港电讯以来未曾感到欣喜。

一、背景介绍

(一)盈科数码动力有限公司的背景

由李泽楷创立的盈科集团(Pacific Century Group)旗下有两家主要

[①] 张秋生,王东.企业兼并与收购案例[M].北京:北方交通大学出版社,2004.

下属公司，分别为盈科亚洲拓展有限公司（以下简称盈拓）以及盈科数码动力有限公司（以下简称盈动）。集团拥有前者59.3%股份，后者则只占6.8%。但李泽楷个人持有盈动高达36.1%的股权。盈科旗下共投资了超过40家科技公司，其持股量由数个百分比至40多个百分比不等。在这40多家公司当中，著名的如长实集团的TOM.com，而当中有13家公司也准备申请上市。

盈动的主要业务可分为三部分，由三家子公司分担职能。一是承包港府的数码港，提供网路化办公室，由资讯港有限公司负责；二是网路创投，用来募集开发资金，即Cyber Works Venture；三是由宽频网路多媒体公司（Pacific Convergence Corporation，PCC）处理整合电视与网路，提供宽频上网服务。

另外，自盈动成立以来，与不少国际网络公司组成合资公司，以拓展业务或加强策略性伙伴合作关系。而这些合资公司亦不断收购其他有发展潜力的科技公司。盈动旗下亦有超过50家附属公司，而附属公司亦有收购其他科技公司或网站，令其因此成为盈科集团的一员。由李泽楷所经营的盈动，在短短数年间由一家公司发展为一个拥有数十家公司股权及控制权的庞大集团。

（二）香港电讯的背景

香港电讯是由香港电话公司及香港国际电讯（也称香港大东电报局，CWHK）1988年合并成立的，其发展历程可追溯到19世纪。

1872年，当时大东电报（Eastern Telegraph）的奠基者John Pender以英国为基础，联合几家小型但举足轻重的电报公司，为当时繁忙的电缆网路开拓新领域，建立起庞大的网路王国。1929年，澳大利亚东方支线及中国电报公司与马克尼属下无线电报公司合并，成为大东电报局。1934年，大东电报正式易名为Cable & Wireless PLC（C&W PLC），并于两年后首次踏足香港。1981年10月1日，香港大东电报局（CWHK）正式成立。身为Cable & Wireless PLC的全资附属公司，Cableand Wireless（Far

East）拥有其80%的利润，其余则归香港政府。CWHK主要业务是提供国际传播、交流设施，包括国际长途电话、电信及电报等。当时香港的国际长途电话服务就是由CWHK提供国际传讯设施，配合HKT的本地网络而运作。

在1981年牌照条款下，CWHK将拥有25年香港国际电讯系统专营权。此系统由海底及陆地电缆，配合陆上的卫星发射站来运作。为分散业务，CWHK亦为一些私人企业如银行、股票经纪以及跨国企业提供线路租借服务；为香港政府各部门设计、安装、营运及维修电器器材等。此外，CWHK则借用其在东南亚以及太平洋区域的海底电缆专利，不断扩展有线系统，例如卫星港台有线系统、粤港的光纤有线系统。

1987年6月17日，香港电讯有限公司（Hong Kong Telecommunications Ltd.）正式注册，为CWHK和香港电话有限公司（Hong Kong Telephone）的合并揭开序幕。香港电话有限公司于1925年成立，拥有香港本地电话网络的专利权，其专利权后于1975年重续，续期20年。除了原有本地公众电话设施、基本电话的专利服务外，香港电话有限公司亦有提供本地传真、资料传达的设施及服务等。至1987年，香港电话有限公司旗下的附属公司主要是Communicated Services Limited、Integrated Business Systems Limited和Computasia Limited。

1987年11月6日，CWHK和香港电话有限公司合并易名为香港电讯有限公司。1988年2月1日，香港电讯合并完成，并恢复在香港股票交易所的买卖。

1998年1月，香港特区政府和香港电讯达成协议，以67亿港元赔偿香港电讯提前8年（1998年3月31日）交回国际电讯专营牌照的损失。此后政府将对外电讯服务和设施交由多间公司经营，引入竞争，直拨国际电话收费大幅降低。

由于传统电讯业务激烈竞争，香港电讯渐转型为资讯科技服务企业，积极开发多媒体业务，提供宽频上网服务。其下属部门有个人及公司电子商贸、无线电话及固网网络、集团市场销售（固网、IDD及国际专线）等。

二、盈动收购香港电讯的过程

（一）并购方案

出于长期战略考虑，香港电讯的大股东英国大东电报局（以下简称大东）希望集中财务和管理资源，专注于向欧美和日本的商业客户提供基于传输数据和互联网的服务。因此，大东需要大量的现金进行业务扩展，萌生了出售香港电讯股权的意愿。在香港电讯的股权构成中，大东约持54%，中国电信（香港）持10%，香港政府持股约8%，其余均为小股东。

盈动当时是香港第一、亚洲第三的互联网公司，所聘的财务顾问是华宝德威和中银国际。盈动市值在2000年初只有1 680亿港元，而香港电讯当时的市值已达2 140亿港元。

大东出售香港电讯是期望套取更多现金，据此，盈动一方面从资本市场和货币市场筹集现金，另一方面设计了一个包含丰富选择权的出价方案，利用盈动的高股价，给大东一个丰富的想象空间。该方案给股东提供了"完全换股"和"部分换股"两种选择，并准备了假设香港电讯的股东全部选择"组合代价"所需的120亿美元的现金。这两种选择的具体内容如下：

1. 完全换股：每股"香港电讯"股票兑换1.1股"盈动"股票（以2月25日盈动股价22.15港元为基准），即每股香港电讯价值为24.36港元。据此，香港电讯全部已发行股本总值为2 960亿港元（约合381亿美元）。

2. 部分换股：每股"香港电讯"股票兑换现金0.929美元（或7.23港元）和0.7116股"盈动"股票，即每股香港电讯价值为22.99港元。据此，香港电讯全部已发行股本总值为2 796亿港元（约合359亿美元），需要现金总额为113亿美元（约合879亿港元）。盈动在48小时内获得汇丰银行、中国银行、法国巴黎银行和巴克莱银行贷款130亿美元的承诺。

3. 增收现金方案：香港电讯股东可选择在部分换股基础上增加应收现金额的方案，但这要在所拥有的可供分配款项内进行，即并购的总现金额不能突破113亿美元。因此，作出有关选择的香港电讯股东只有在并购结束结算完成后才清楚可以多获得多少现金，在此情况下，选取额外现金将按每股新盈动股份2.392美元（18.62港元）计算。结果是选择增收现金方案的香港电讯股东，预计可按3.18%左右的应收盈动股份，收取额外金额。

2000年8月18日，盈动发表公告：盈动和香港电讯的合并已经生效，香港电讯已经成为盈动的全资附属公司。而"香港电讯"的股票从香港联交所的上市名单中取消，"盈动"的股票代码从"1186"改为"008"。2000年12月，盈动采用新的公司标志，并更名为"电讯盈科"。

（二）盈动的财务安排

盈动所提出的收购建议包括两个方案：一是以1.1股盈动股份换一股香港电讯；二是以0.7116股盈动股份加7.23元现金换一股香港电讯；若股东选择方案二，可要求新盈动以18.62元现金作价收购其新盈动股份（但新盈动现金支出不高于113亿美元），股东亦可选择以每股18.62元现金向大东购入新盈动股份（总数量不超过21.63亿股）。大东收取的新盈动，可即时沽售不超过已扩大股4%，其余股份不能在半年内出售，此后六个月只可出售最多50%股份。大东已接纳盈动有关收购建议，并选择了混合方案建议。

2000年2月15日，盈动透过BNP百富勤、中银国际与瑞银华宝，配售2.5亿股旧股，每股23.5港元，盈动停牌前收市价24.65港元，折让不足5%。投资者反应良好，超额认购，最终配售额提高至3.3亿股，盈动因而集资78.7亿港元。这次配股行动在两小时内完成。次日报章报道，盈动15日在证券市场配股集资之余，亦找到中国银行、汇丰银行，由它们牵头组织银团贷款50亿美元（约合390亿港元），作为收购香港电讯的部分现金。贷款期限半年至一年，以日后成功收购的电讯股票作为抵押。贷款安排约一星期完成。2月24日，盈动正式获得了总额达130亿美元（已不是当初的50亿美元）的贷款承诺，包括汇丰银行、中国银行、巴黎国民银行和巴克莱银行四家银行。从真正向银行提交贷款建议书到拿到可靠贷款承诺，仅用了不到48小时。

（三）方案的实施

通过选用部分换股方案，大东一次套现0.929美元/股$\times 54\% \times 122$亿股$=61$亿美元。2000年9月20日开始，大东以每股9.88港元的价格抛售了10.4亿股（约占盈动已发行股本的4.9%），较盈动9月20日的收市价折让约8%，大东对盈动已发行股本的持有量由20.2%减至15.3%。而原香港电讯的股价自1997年10月交易的最低价为11.85港元；在1999年第一季度一直保持在13~15港元。2001年4月2日，电讯盈科同意大东不需再受限制，可在4月12日之前，通过一次交易将其所持有电讯盈科的全部股份（14.7%）（必须是全部）发行证券。大东于2001年4月2日向UBS Warburg发行一批可转换债券（价值1 504 331 000美元，2003年到期零息债券），该批可转换债券可转换成大东所持有的电讯盈科的全部股份。

根据盈动2000年8月18日的公告，李泽楷2000年8月8日以每股15.811港元的价格通过法国巴黎百富勤包销2.4亿股，价格较2002年8月8日盈动的收市价折让3%，所出售的股权约占盈动与香港电讯合并后发行股本的1%。李泽楷此举套现了38亿港元。

2000年8月17日，盈动的两位副主席袁天凡、杜彼得和一位执行董事钟楚义，以2.356港元/股的价格执行了他们的股票买卖特权4 213万股，并以每股15.3港元左右的价格抛售了1 360万股盈动。他们中的两位还于2000年8月21日抛售了另外的500万股。他们从执行和抛售中实现的利益估计达2.4亿港元。

合并以后的当年，电讯盈科的股价由16.3港元跌至5.05港元，从合并之日起算下滑超过80%。

2.3.2 案例评述

李泽楷凭着与多家美国公司合作，旗帜鲜明地发展新科技，9个月时间便创造了一个股坛奇迹。李泽楷运作盈科集团的程序是设立盈科控股，控制在新加坡上市的盈科拓展，又以盈科拓展控制在港上市的盈科数码动力及盈科保险，再以盈动控制数码港，专门提供资讯予亚太区的Pacific Convergence Corporation（PCC）。李泽楷通过借壳"得信佳"身家暴涨超过百亿，其后盈动的市值直逼其父旗下主要上市公司之一的和黄集团。

盈科的成功收购有很多值得借鉴的方面：

第一，选择好市场并购的卖点，无论是数码港项目，还是香港电讯的并购，抑或是TOM.Com，都反映出盈科的市场切入点十分到位，很快能够成为市场炒作的热点，为企业的腾飞建立一个好的基础。

第二，借壳上市，减少了申请新上市的复杂程序，节省了上市时间，因此，搭上了网络概念扩张的列车。可以说，盈科的快速成长从侧面反映了网络时代速度的重要性。

第三，通过策略联盟，获得核心技术的支持，占领相关市场。不是靠西部牛仔式的单兵作战，而是短期内与具有核心竞争力的对手建立联盟，优势互补，这在我们上文的分析中可以清楚地了解到盈科策略联盟的广泛性和深入性。

第四，善于资本市场运作，是盈科获得成功的关键。这方面有许多地方可圈可点：比如利用资本市场集资，获得现金流；为了降低收购成本和减少负债压力，以注入资产方式增发股份，而不是采用现金收购。

同时，盈科动力在配售股份方面也独具匠心。一般是先低后高，其目的是以低价配售保证股票上市之后有较大的增幅空间，以树立企业整体形象，而后再提高配售股价就可以轻松地获得资金。盈科动力第一次配售的作价是每股0.062港元，若以五合一股计算，折合每股0.31港元；第二次配股集资作价为每股5.55港元，较第一次配售价高了80倍。第三次配售集资作价每股6.10港元，较第二次提高了10%。盈科动力第一次配售价仅为0.062港元，比收盘价折让54%，使盈科可以以尽可能低的收购价格换取足够的股权。若盈科动力的第一次配售价格提高到第二次配股的价格向盈科发售股份，则盈科同样要取得75%的股权需要注入资产高达400亿港元以上。1999年10月19日，盈科动力以每股5.2~5.55港元的价格回购3 478.4万股，这一价格比10月13日配售价6.10港元低10%左右。这笔回购令公司有近2 000万港元的收入，同时保持了股价的稳定。

当然，盈科的做法也有不足之处。比如，在与香港电讯合并时，对合并的要价似乎考虑不足，对合并之后的走向判断有失水准，结果股价大幅下降，电讯盈科背上了沉重的债务包袱。

2.4 "清华同方"兼并"鲁颖电子"[①]

2.4.1 案例背景

1998年10月30日清华同方董事会决议：通过关于公司吸收合并山东鲁颖电子股份有限公司（以下简称鲁颖电子）的议案，即向鲁颖电子股东定向发行清华同方人民币普通股15 172 328股，按照1.8∶1，即每

---

① 王东，张秋生. 企业兼并与收购案例［M］. 北京：北京交通大学出版社，2004。

1.8股鲁颖电子股份可换取清华同方人民币普通股1股的折股比例，换取鲁颖电子股东所持有的全部股份，鲁颖电子的全部资产并入清华同方，其现有的法人资格随之注销；并且通过1999年配股预案：以股本总数16 605万股为基数，每10股配3股，配股价格为15~20元。

一、公司介绍

清华同方是一家以信息产业为主营业务的公司，它生产具有自主知识产权的RH型智能控制器和RH型智能温度传感器，并已达到年产20万台（只）的生产规模。但这与公司的长远发展目标还有很大差距，公司迫切需要一个自己的电子元器件生产基地。而鲁颖电子作为目前我国最大的陶瓷电器生产厂家，也是唯一一家掌握瓷粉研制开发技术，并率先实现瓷粉国产化的企业。鲁颖电子生产的产品可用于清华同方的RH型智能控制器、RH型智能温度传感器、短波通讯设备、计算机等产品上。而且该厂技术设备基础好、产业员工素质高、管理先进、资产质量优良，完全适合作为清华同方的电子元器件生产基地。而我国陶瓷电容行业呈现经济规模小、竞争对手多的特点。鲁颖电子要发展必须向专业化、集团化发展，走规模经济道路。这需要不断有新技术和资金的注入——这些正是清化同方的优势。于是两家公司采用吸收合并的方式，实现优势互补共同发展。

山东鲁颖电子股份有限公司位于山东沂南县城，是经省政府规范确认的股份有限公司。1997年4月9日，经山东省体改委鲁体改企字（1997）42号文批准，其个人股在山东省企业产权交易所挂牌转让，并于1998年8月27日停止交易并摘牌。被合并前总股本2 731.0192万股，其中沂南县国资局持有1 008.8万股，占总股本的37%，社会个人股1 722.2192万股，占总股本的63%。

鲁颖电子主要生产中高压瓷介电容器、中高压交流瓷介电容器及其他电子元件，是国内最大的中高压陶瓷电容器生产基地，也是唯一一家掌握瓷粉研制技术的企业，综合效益指标已连续六年居全国同类生产企业之首。其主导产品的国内市场占有率在40%以上，拥有"长虹""康佳""TCL""海信"等客户，连续两年被"长虹""康佳"等大型企业集团评为"十佳供应商"。其部分产品已打入海外市场，不仅科研能力和技术水平先进，其机器设备、销售网络和人员素质也处于国内一流水平。

清华同方吸收合并鲁颖电子适逢国务院清理整顿场外非法股票交易的方案出台。清华同方对鲁颖电子的吸收合并开创了上市公司兼并地方上柜交易企业的先河，因此这次合并的方法和原则对以后的上市公司资产重组，尤其是对解决因清理非法场外交易而遗留下的大量上柜交易企业的出路问题有很好的借鉴作用。

二、合并方案

本次吸收合并方案是由合并双方及其财务顾问、主承销商中信证券有限公司并依照《中华人民共和国公司法》《股票发行与交易管理暂行条例》及相关法律、法规及中国证监会、山东省政府有关规定进行设计制定。

（一）合并方式、生效日、合并基准日

此次合并方清华同方采取吸收合并的方式，合并被合并方鲁颖电子的资产、负债及相应的权益，注销鲁颖电子现有的法人地位，鲁颖电子股东所持有的鲁颖电子全部股份，按照一定的折股比例，换取清华同方定向发行的人民币普通股。

合并自中国证监会批准日正式生效。鲁颖电子根据有关法定程序予以注销。以1998年6月30日作为合并基准日，并以合并基准日当天双方经审计的财务报表为准，确定折股比例，履行财产转移手续。

（二）股权处置方法和折股比例的确定

本案例的股权处置方式是以股换股，其核心内容是折股比例的确定，直接关系到各个合并方主体的利益关系，被合并公司发起人沂南县国资局持有的国有股份将按确定的折股比例转换为清华同方国家股份，被合并公司已上柜交易的个人股将按确定的折股比例转换为清华同方因合并增加的个人股，在期满三年后方可上市流通。

折股比例的确定，采取每股成本价值加成法，即按照每股净资产估算成本价值，并适当考虑合并各方在未来发展的成长性和所拥有无形资产的价值量等因素，确定折股比例。具体计算如下：

折股比例 =（合并方每股净资产 / 被合并方每股净资产）×（1 + 预期增长加成系数）

根据审计报告，截至1998年6月30日，鲁颖电子的每股净资产为2.49元，清华同方的每股净资产为3.32元，并考虑清华同方可预期的增长加成系数为35%，由此确定折股比例为1.8∶1，即每1.8股鲁颖电子股份可换取清华同方人民币普通股1股。

（三）发行数量及流通股的上市日

按照折股比例，清华同方定向发行人民币普通股15 172 328股，其中包括因合并增加的个人股9 567 884股、因合并增加的国家股5 604 444股。合并后新增社会个人股份上市流通日定为自合并后存续公司刊登股份变动公告之日起，期满三年后在上海证券交易所上市流通。

三、股票发行与承销方案

本次清华同方定向发行股票15 172 328股。发行对象为在山东证券登记有限责任公司登记并办理鲁颖电子股权确认书的自然人和法人。发行方式：鲁颖电子的股东按照折股比例换取清华同方定向发行的股票。上市地在上海证券交易所。

本次股票的承销商由中信证券有限责任公司担任。定向发行清华同方人民币普通股15 172 328股，由沂南县国资局认购其中的国家股股票5 604 444股、鲁颖电子社会个人股股东认购其中的因合并增加的个人股股票9 567 884股。根据本次换股办法，鲁颖电子全体股东将履行相应的换股手续。

四、合并的工作程序

为保护合并各方投资者的合法权益,根据国家的有关法律规定和合并各方的公司章程,合并双方履行的法定合并程序为:

一是清华同方和鲁颖电子进行合并的可行性研究分析,聘请财务顾问及承销商设计方案;聘请会计师事务师进行财务审计;聘请资产评估事务所进行资产评估;聘请律师事务所进行法律审查。

二是向山东省人民政府提出申请,并报国家有关政府管理部门批准同意清华同方与鲁颖电子进行吸收合并,并获得批准文件。

三是清华同方和鲁颖电子分别召开临时股东大会,同意清华同方采取吸收合并的方式,合并鲁颖电子的资产、负债及相应的权益,注销鲁颖电子现有的法人地位,鲁颖电子股东所持有的鲁颖电子全部股份,按照1.8:1的折股比例,换取清华同方新增的人民币普通股。授权董事会全权办理吸收合并相关事宜。

股东大会审议通过的修改后的存续公司章程,符合《公司法》及《上市公司章程指引》的规定。

四是清华同方与鲁颖电子签署正式合并协议。

五是合并双方按照《公司法》的合并程序履行保护债权人的义务。清华同方和鲁颖电子分别在《中国证券报》和《上海证券报》上刊登因合并而通知公司债权人的公告书。公告书载明公司债权人有权要求清偿债务或提供担保。获得主要债权人——银行债权人签署的债务变更同意函。

六是向国有资产管理部门申请评估的确认,并获得国有资产管理部门《关于清华同方股份有限公司吸收合并山东鲁颖电子股份有限公司资产评估项目审查确认的批复》。

七是向中国证监会提请准予清华同方定向发行人民币普通股,用于换取鲁颖电子股东持有的全部股份的申请,并获得批文。

八是设立存续公司。合并方清华同方作为存续公司,保留原有的独立法人资格；合并双方根据签署的合并协议，待完成换股工作后，被合并方鲁颖电子将注销法人资格，其资产、负债和相应的权益并入清华同方。

九是转移被合并方的资产所有权。

十是变更工商登记手续。

五、对各方受益影响分析

一是对于清华同方来说，此次吸收合并实现了产品、技术互补，强强联合。清华同方以此次吸收合并为契机，顺利进入电子原器件生产基地。

二是对于清华同方的老股东来说，利益并没有受到损害。首先虽然总股本扩大了，但新增的流通股三年后方可流通，对当时的二级市场不构成压力。其次是净资产提高了。截至1998年6月30日，鲁颖电子的净资产为6 798.2234万元，按折合清华同方普通股1 517.22328万股计，每股净资产为4.48元，而同期清华同方的每股净资产为3.32元。此次吸收合并之后，清华同方的每股净资产没有被稀释，反而略有增加，但每股收益和净资产收益率则略有下降。

三是对鲁颖电子来说，通过吸收合并，鲁颖电子可以获得清华同方在融资方面、人才和科技开发实力方面的优势，增强鲁颖电子的产品经营规模和市场竞争力。

四是鲁颖电子的股东收益较大，尤其个人股东是最大的受益者。清华同方对鲁颖电子的合并通过承诺鲁颖电子的个人股三年后上市流通的方式，在不立刻增加清华同方流通股本的前提下，解决了鲁颖电子的重新规范及其社会个人股的流通问题。另外，鲁颖电子的流通股权证在摘牌之前的股价为6.83元左右。假如个人股东的持股成本为6.83元，资金成本为10%，3年后的持股成本为9.09元，按1.8∶1的折股比例，3年后的持股成本为16.36元，假如3年内清华同方的股本不发生变动，则三年后清华同方的股价在16.36元以上，鲁颖电子的个人股东将获利。

2.4.2 案例评述

一是开创了我国换股并购的先河。此次清华同方吸收合并鲁颖电子的模式是"定向增发新股+以股换股"。通过吸收合并，清华同方在不支付现金的情况下，实现了低成本的跨地区扩张和强强联合。而且这一合并不存在关联交易，使兼并行为更符合市场准则。这一兼并方式对有技术优势的上市公司实施纵向并购、横向并购很有借鉴意义。

二是对于解决因清理非法场外交易而遗留下大量上柜交易的企业的出路问题有很好的借鉴作用。清理和整顿柜台交易的一些政策措施主要有：（1）业绩较好、行业相同或相近的上市上柜公司经过资产重组，可按规定程序推荐上市；（2）由行业相同或相近的上市公司吸收合并上柜公司，此类上柜的流通股，可在转换为上市公司的股份期满三年后上市流通；（3）上柜公司以高于发行价的价格赎回其流通股；（4）上柜公司现有股东继续持有其股份，享受股东权益，每股分红水平拟不低于同期银行存款利率；（5）支持其他企业收购有发展前景的上柜公司，或将上柜公司流通股转换为企业债券，清华同方吸收合并鲁颖电子的模式有较好的借鉴作用。

三是折股比例确定的启示。本案是以合并双方在合并基准日经审计的每股净资产值为基础，综合考虑双方的每股净资产、每股收益、净资产收益率、融资能力、企业商誉等因素后确定35%的加成系数，最后确定换股比例为1.8∶1。这一确定方法一方面对于国内其他并购的定价模式有一定的借鉴意义；另一方面也反映了我国企业并购在此方面和西方发达国家的差距。换股比例应能反映出并购双方实际价值之比，发达国家通常采用企业的内在价值之比，而企业的内在价值取决于企业资产账面值以外的经营管理能力、增长机会储备、与客户长期业务关系等会计核算准则和方法难以衡量的价值驱动因素。本案例则采用了目前国内较多采用的合并换股估价原理的方法。

清华同方与鲁颖电子合并换股的估价方法选择、技术处理以及国内企业兼并收购价值评估，包括买壳估价，反映了国内投资银行需要提高价值评估方面的专业技能和创新能力，也给投资银行提供了在理解价值原理的基础上选择适合国情估价方法、确定估价模型、施展专业技能、进行金融创新的良机。

2.5 "粤美的"MBO案例[①]

2.5.1 案例背景

管理层收购（Management Buy-outs, MBO）是管理层利用杠杆融资对目标企业进行收购的行为。MBO是美国第三次并购浪潮的产物。作为一种重要的金融创新和制度创新模式，其在实施内部激励、降低代理成本、集团产业结构调整与优化以及拓展风险投资退出通道等方面具有重要意义和积极作用，在西方欧美等发达国家得到了广泛的应用。直到20世纪末，才在中国悄然流行，MBO是基于解决国有企业的代理问题和低效率而引入的，随着国有资产的战略性调整，一系列政策法规先后出台，使得MBO在我国上市和非上市企业中蔓延开来。但在实施过程中也发现一些问题，比如收购中的融资瓶颈、收购的定价政策、收购主体的合法性、信息披露问题等。所以规范的收购程序、完善的监督管理机制、强化信息披露制度都将是管理层收购的主要任务。

---

① 张秋生，王东．企业兼并与收购案例［M］．北京：北方交通大学出版社，2004．

一、背景介绍

粤美的公司系经广东省经济体制改革委员会、广东省企业股份制试点联审小组于1992年5月3日以粤体改〔1992〕11号文批准,由顺德市北窖经济发展总公司发起,在原广东美的电器企业集团基础上经改组设立的股份有限公司。美的公司于1992年8月10日正式成立,属于我国家电行业大型生产企业,主要产品有空调器系列、电风扇系列、高档电饭煲系列、微波炉系列、饮水机系列、电暖器及厨具等小家电系列和空调电机、压缩机系列产品销售国内外。

1993年3月14日,粤美的公司向社会公开发行股票2 277万股并上市交易,经历多次送、转、配后股本总额为484 889 726.00元。粤美的公司在实行MBO之前第一大股东顺德市北窖镇镇政府下属美的控股有限公司持有10 761 033万股,占粤美的公司总股本的22.19%。

1997年,粤美的遇到了前所未有的困难,空调从名列三甲降到第七位。这时粤美的进行了模拟股份制,尝试将股东的利益和公司的经营效益联系在一起,以促进生产发展。所谓模拟股份就是让一些员工在名义上持有一定的股份,他们可以按比例分红,但股票却不能在二级市场上兑现。为了让公司能有长久的发展动力,粤美的1999年7月开始筹备进行MBO。

2000年4月7日,由粤美的集团管理层和工会共同出资组建了美托投资有限公司(以下简称美托投资)。成立之初注册资本为1 036.87万元,其经营范围包括对制造业、商业进行投资以及国内商业、物资供销业。在美托投资,其法定代表人何享健为第一大股东持股25%,美的集团执行董事陈大江持股10.3%,为第二大股东,其他管理和技术人员共计持股42.7%,工会持股22%。美托投资变更注册资本为1亿元,粤美的职工持股会持有的22%股份转给自然人,为了便于操作,公司其他管理人员股份分别委托何享健、陈大江、冯静梅、梁结银持有,因此,工商登记显示:何享健持有55%;陈大江、冯静梅及梁结银分别持有该公司15%的股份。

美托投资公司的成立为粤美的管理层收购（MBO）提供了重要条件。

二、交易过程简介

2000年4月10日，美托投资与粤美的原第一大股东顺德市美的控股有限公司签订《股权转让协议》，美托投资以每股2.95元的价格，协议受让了美的控股有限公司持有9 243.03万股中的3 518万股，占总股本的7.25%，美托投资成为粤美的第三大股东，由此拉开了粤美的管理层收购（MBO）的序幕。

2000年12月20日美托投资与美的控股有限公司再次签订《股权转让协议》，美托投资以每股3元的价格受让美的控股有限公司7 243.033 1万股（占总股本的14.94%）。股权转让完成后，美托投资正式成为粤美的第一大股东，所持股份上升到22.19%，由代表当地地方政府的顺德市美的控股有限公司的股份逐步转移到美托投资手中。美托投资收购粤美的原第一大股东股权的价格是在美托投资与顺德北窖镇政府之间展开谈判的，因为美的控股有限公司是镇政府所属企业。

美托投资这两次收购所用的现金全都是通过股票质押而获得的银行贷款，而管理层个人通过美托投资间接持有公司股份，则应先支付10%的现金，其余部分将分期用红利付清。

三、绩效评价

粤美的在实施管理层收购（MBO）后，虽然每年的相对盈利额度都有所下降，但鉴于该公司所处的行业状况分析，能取得目前的成绩也实属不易。而通过横向比较就能更全面地观察这个问题，2001年粤美的股东权益每股收益为0.52元，同比下降12%；海信电器2000年的每股收益是0.078元，而2001年却出现亏损0.036元，2002年有所好转，为0.071元，但仍未超过2000年收益水平；另外格力电器2000年实现调整后每股收益0.70元，但是2001年却仅有0.51元，同比下降28.2%，2002年稍有回升，为0.55元；春兰股份2000年的每股收益是0.86元，2001年度的每股收益为0.422元，同比降幅也在51%左右，2002年再度下降到0.232元。因此，粤美的业绩萎缩更可能是出于行业性的原因。

2.5.2 案例评述

作为中国上市公司第一起管理层收购案例，粤美的对中国上市公司产权制度改革和创新的推动作用毋庸置疑。粤美的成功与教训都将成为以后上市公司管理层收购的一个参照。但由于我国上市公司收购方面的法律制度建设存在许多缺漏，使得上市公司在进行收购活动时，有很多不规范的行为。作为我国鲜有的管理层收购，则更是如此。

2.6 "胜利股份" MBO 案例[①]

2.6.1 案例背景

一、公司介绍

1. 山东胜利股份有限公司（000407）是由山东省胜利集团公司独家发起，经山东省经济体制改革委员会于1993年3月18日批准设立，并于1994年4月26日批复正式创立的股份有限公司。公司A股于1996年7月3日在深圳证券交易所挂牌上市。公司成立之初，主要经营石油成品油的批发和零售、国际贸易以及房地产开发。自1994年起，先后斥资2亿

---

① 张秋生，王东. 企业兼并与收购案例 [M]. 北京：北方交通大学出版社，2004.

元进入塑胶管道领域；1997年，投资控股中外合资山东绿野化学有限公司，进入农药领域；1998年，与中科院植物所合资组建山东胜利生物技术有限公司，从事生物技术的研究与开发；2000年，在济南市高新技术开发区投资兴建胜利生物技术工业园，全力进入生物技术产业。

2. 山东胜利投资股份有限公司，是经山东省人民政府批准，由徐建国等43名自然人以现金出资发起设立的股份有限公司，其中徐建国、马莹、隋立祖、王鹏、袁泽沛、刘钟各持股350万股（分别占胜利投资总股本的3.18%），为并列第一大股东；孟庆勇等其他37名自然人股东分别持股65万股至345.75万股不等。经营范围：对外投资（限国家许可范围）。

二、交易过程

胜利股份2002年11月11日就山东省胜利集团公司（以下简称胜利集团）向山东胜利投资股份有限公司（以下简称胜利投资）转让公司国有股股权以及胜邦企业投资集团有限公司（以下简称胜邦集团）向胜利投资转让部分社会法人股的有关事宜发布公告。

2002年7月23日，胜利投资成立，注册资本1.1亿元。该公司股东为43名自然人，由胜利股份、胜利股份第一大股东胜邦集团和第三大股东胜利集团的中高级管理层组成。其中徐建国等6人各持股350万股，为并列第一大股东。

2002年7月24日，胜利集团与胜利投资签订股权转让协议，2002年9月18日签署补充协议，将其代山东省国有资产管理办公室持有的胜利股份国家股1 641万股（占总股本的6.85%）转让给后者，转让价格为胜利股份2002年中报每股净资产2.27元。

2002年9月17日，公司公告称，山东省政府已批复同意上述股权转让。

2002年11月12日，公司公告称，上述股权转让已得到财政部批准；胜邦集团与胜利投资于2002年11月10日签订股权转让协议，将其持有的胜利股份法人股2 589万股（占总股本的10.8%）转让给后者，转让价格为胜利股份2002年中报每股净资产2.27元。股权转让完成后，胜利投资将持有胜利股份股权4 229.71万股（占总股本的17.65%），成为胜利股份新的第一大股东。胜邦集团尚持有胜利股份流通股1 559万股（占总股本的6.5%），成为胜利股份第三大股东。

此次股权转让完成后，胜利投资将持有胜利股份42 297 100股，约占胜利股份总股本的17.65%，为胜利股份第一大股东，其股权性质为法人股。

股权转让完成后，胜利股份有限公司总股本不变，公司前三大股东的持股顺序发生变化。

表 2-1 股权转让前胜利股份的前三名股东

名次	股东名称	持股数量	占总股本比例	所持股份性质
1	胜邦企业投资集团有限公司	41 479 765	17.31%	法人股25 886 260股 流通股15 593 515股
2	广州通百惠服务有限公司	36 300 000	15.15%	法人股
3	山东省胜利集团公司	16 410 850	6.85%	国家股

表 2-2 股权转让完成后胜利股份的前三名股东

名次	股东名称	持股数量	占总股本比例	所持股份性质
1	山东胜利投资股份有限公司	42 297 100	17.65%	法人股
2	广州通百惠服务有限公司	36 300 000	15.15%	法人股
3	胜邦企业投资集团有限公司	15 593 515	6.5%	国家股

三、胜利股份MBO完成后的财务状况

山东胜利股份有限公司2003年半年度报告显示当期公司完成主营业务收入31 127.41万元，主营业务利润5 547.69万元，实现净利润

1 269.92万元。与上年同期相比，主营业务收入有所减少，主营业务利润和净利润略有提高。流动比率1.36，速动比率0.79，资产负债率48.55%，每股经营活动现金流量净额-0.015元，财务状况较好。

2.6.2 案例评述

胜利股份最新实施的管理层收购具有"一箭双雕"的作用。一方面，高层管理者实现了对公司的控股，使自身价值的财富最大化；另一方面，有助于今后反收购。胜利股份曾经有过一次难忘的经历：2000年初，围绕着胜利股份的股权，胜邦企业投资集团与广州通百惠服务有限公司展开一场股权争夺战。当时，由于第一大股东胜利集团涉及经济纠纷，其持有的股份遭冻结而被部分拍卖，通百惠由此成为胜利股份的第一大股东。就在通百惠欲入主胜利股份时，排名第三大股东的胜邦企业被推上前台，通过多方收集筹码，股东地位从第三跃升第一，与十大股东中"暗藏"的关联企业联手，从而使通百惠的收购计划被迫流产。如今管理层收购完成，再遇此类情形将相对容易对付。对股权结构分散的胜利股份来说，MBO确实在一定程度上起到了防御作用。

国内上市公司在实施MBO时，一般具有如下几方面特点：

第一，从交易类型来看，上市公司都选择国有股、法人股等非公众流通股作为交易标的，而非公众流通股标的。流通股之所以不被管理层作为收购标的，是因为流通股持有者较为分散，价格较高。如果将流通股作为收购标的，虽然在定价方面可更多地参照市场价格，但却极大地提高了MBO的收购成本与收购难度。同时，由于上市公司管理层与国有（法人）股东之间有着密切的关系，使得收购的整体交易成本相对较低。有些上市公司甚至采取了更间接的方式，通过母公司间接控股上市公司，或连环控股，以达到实质上的收购目的，减少审批方面的行政风险。

第二，在交易价格方面，基本上是采取协议转让的方式，并以每股净资产作为基准参考价，在此基础上给予一定折让。折让的幅度从70%到95%不等，主要依据净资产状况而定，部分公司的转让价格则是与净资产相等，个别公司甚至还远远高于净资产。

第三，在实施方式上，大部分采取了由管理层相关人员发起成立一家壳公司，再通过壳公司实施收购行为。个别公司采取了通过持股会实施收购行为，或由个人直接参与收购。

第四，从收购的实际主体来看一般都是企业的开拓者，他们在企业的发展壮大过程中都做出了特殊的贡献。结合这些公司的MBO交易价格的情况，可以看出国内MBO所体现出来的实践意义，对企业元老贡献的承认以及国家与企业管理者在利益方面的重新分配。

■ 思考题

1. 郑百文已资不抵债，为什么还有企业去收购？讨论其成因。

2. 盈动收购香港电讯存在怎样的风险？请对盈动的经营模式进行评价。

3. 分析"清华同方与鲁颖电子"案例中换股比例的确定方法。为何该案例要采用此种方法？

4. 分析胜利股份MBO和粤美的MBO两个案例有哪些不同之处？

第 3 章

资产证券化案例分析

本章学习目标

1. 掌握资产证券化的典型操作流程
2. 了解我国现行ABS的主要运作模式
3. 熟悉我国现行资产证券化的相关法规

3.1 概述

资产证券化是近几十年来世界金融领域的最重大创新之一。资产证券化最早出现于美国,主要发行住房抵押贷款证券化产品。自20世纪90年代后期以来,资产证券化在中国逐渐成为学者、业内人士和政府官员关注的焦点,但直到2005年,国内资产证券化业务才正式起步,中国人民银行选择了两家大型国有银行——中国建设银行与国家开发银行进行试点,发行资产证券化产品。

3.1.1 资产证券化的内涵与主体

资产证券化是指将流动性不足但预期未来有稳定现金收入的各单笔贷款和其他债务工具,包装成流动性很强的证券,并辅以信用增级措施来促进这些资产在资本市场上出售的过程。

资产证券化需要一个严谨而有效的交易结构,在这个结构中一般包括以下运作主体。

一、发起人

发起人,也称为原始权益人,是证券化资产的原所有者和融资的最终使用人,同时也是资产证券化的发动者。资产证券化归根结底就是为了满足原始权益人变现资产、提高资产流动性的需要。发起人在资产证券化过程中的主要工作是,在分析自身融资需求的基础上,选择确定用来证券化的资产,并将资产出售给特殊目的机构。

二、特殊目的机构

特殊目的机构(Special Purpose Vehicle, SPV)是专门为发行资产支持证券而设立的独立实体，是资产证券化的关键性主体和标志性要素。

特殊目的机构的职能是从发起人手中购买要证券化的资产，对这些资产进行重组和整合，发行资产支持证券并负责证券发行后的相关管理。SPV是整个资产证券化中至关重要的环节。

三、信用增级机构

为了使证券能以较低的成本顺利发行出去，在发行证券之前需要对资产进行信用增级。信用增级机构是资产证券化过程中必不可少的主体之一。

四、信用评级机构

信用评级机构对拟发行的证券进行评级。由于发行证券融资需要达到一定的信用等级，投资者也需要借助评级对证券价值进行评估，因此信用评级也不可或缺。

五、发行人

发行人，即承销商，一般指投资银行，在我国主要指证券公司和类似金融机构。投资银行为SPV提供发行、承销、上市安排的服务，将资产支持证券发行给投资者。

六、专门服务机构

专门服务机构对资产池进行管理，负责按时从证券化资产原始债务人收取到期本息，并负责追收过期应收账款，并将现金流存入SPV指定的托管人账户。专门服务机构一般由发起人或其子公司担任，这是因为他们对原始资产最为熟悉。

七、托管人

托管人负责进行证券登记，向投资者发放证券本息。

八、其他中介机构

其他中介机构包括律师事务所、会计师事务所和财务顾问公司。

九、投资者

投资者是资产支持证券的购买者。

3.1.2 政策导读

2005年3月,经国务院批准,中国人民银行、中国银行业监督管理委员会等各相关部门成立了信贷资产证券化试点工作协调小组,开始着手制定相关政策法规。2005年4月20日,中国人民银行和中国银行业监督管理委员会发布《信贷资产证券化试点管理办法》(〔2005〕第7号),该文件主要为了规范信贷资产证券化试点工作,保护投资人及相关当事人的合法权益,提高信贷资产流动性,丰富证券品种。这是信贷资产证券化领域第一部全面的规章制度,是制定其他配套政策的基础。该办法规定,信贷资产证券化指在中国境内,银行业金融机构作为发起机构,将信贷资产信托给受托机构,由受托机构以资产支持证券的形式向投资机构发行受益证券,以该财产所产生的现金支付资产支持证券收益的结构性融资活动。该办法还规定了信贷资产证券化发起机构、受托机构、贷款服务机构、资金保管机构、证券登记托管机构、其他为证券化交易提供服务的机构和资产支持证券投资机构的权利和义务。2005年5月16日,建设部发布《关于个人住房抵押贷款证券化涉及的抵押权变更登记有关问题的试行通知》;同日,财政部发布《信贷资产证券化试点会计处理规定》;6月13日和15日,中国人民银行分别发布《资产支持证券信息披露规则》和《关于资产支持证券在银行间债券市场的登记、托管、交易和结算等有关事项的公告》。11月7日,中国银行业监督管理委员会发布《金融机构信贷资产证券化试点监督管理办法》。上述政策法规的颁布,为国内开展资产证券化业务构建了必要的法律框架,使得国内资产证券化业务能够有序开展。

2014年,中国证券监督管理委员会发布《证券公司及基金管理公司子公司资产证券化业务管理规定》及配套《证券公司及基金管理公司子公司资产证券化业务信息披露指引》《证券公司及基金管理公司子公司资产证券化业务尽职调查工作指引》(〔2014〕第49号)。该规定所称资产证券化业务,是指以基础资产所产生的现金流为偿付支持,通过结构化等方式进行信用增级,在此基础上发行资产支持证券的业务活动。开展资产证券化业务的证券公司须具备客户资产管理业务资格,基金管理公司子公司须由证券投资基金管理公司设立且具备特定客户资产管理业务资格。该规定所称基础资产,是指符合法律法规规定,权属明确,可以产生独立、可预测的现金流且可特定化的财产权利或者财产。并规定了原始权益人、管理人、托管人及其他业务参与人等的职责。

3.1.3 我国资产证券化发展现状[①]

2019年,资产证券化市场规模继续快速增长。全年共发行资产证券化产品23 439.41亿元,同比增长17%;年末市场存量为41 961.19亿元,同比增长36%。其中,信贷资产支持证券发行9 634.59亿元,同比增长3%,占发行总量的41%;存量为20 127.63亿元,同比增长32%,占市场总量的48%。企业资产支持专项计划发行10 917.46亿元,同比增长15%,占发行总量的47%;存量为17 801.48亿元,同比增长28%,占市场总量的42%。资产支持票据发行2 887.36亿元,同比增长129%,占发行总量的12%;存量为4 032.08亿元,同比增长118%,占市场总量的10%。从产品类型来看,个人住房抵押贷款支持证券继续快速扩容,个人汽车抵押贷款支持证券、企业应收账款资产支持证券等产品发行增长显著,首单挂钩LPR的浮动利率信贷资产支持证券、首单可扩募类REITs、基于资产支持证券的信用保护工具等创新产品成功发行,资产证券化产品类型进一步丰富。

[①] 中央国债登记结算有限责任公司. 2019年资产证券化发展报告[EB/OL]. (2020-1)[2020-8-3]. https://www.chinabond.com.cn/cb/cn/yjfx/zzfx/nb/20200117/153611421.shtml.

2019年资产证券化产品的发行利率出现分化，其中信贷ABS的发行利率小幅上行，企业ABS的发行利率震荡下行。从基础资产类型来看，RMBS、对公租赁ABS、企业ABS产品发行利率整体震荡下行，消费金融ABS产品发行利率不同等级间走势分化。同时，资产证券化产品收益率整体震荡下行，资产证券化产品与国债的信用利差震荡收窄。2019年发行的资产证券化产品仍以高信用等级产品为主。信贷ABS产品中，AA级及以上高等级产品发行额为8 187.75亿元，占信贷ABS发行总量的85%；企业ABS产品中，AA级及以上高等级产品发行额为9 756.83亿元，占企业ABS发行总量的89%。

2019年资产证券化产品流动性有很大提高，二级市场换手率较2018年显著提升。以中央结算公司托管的信贷ABS为例，2019年现券结算量为4 730.42亿元，同比大幅增长90%；换手率为24%，同比增长7个百分点。然而，相较中央结算公司托管债券全年214%的整体换手率而言，资产证券化产品的流动性水平仍显不足，制约了资产证券化市场的发展。

3.2 "建元2005-1"产品（RMBS）[①]

3.2.1 案例背景

2005年12月15日，中国建设银行推出国内首单个人住房抵押贷款证券化（RMBS）产品——"建元2005-1个人住房抵押贷款证券化信托资产支持证券"（以下简称建元证券），由中信信托投资有限责任公司公开发行。该产品分为优先级和次级资产支持证券，优先级证券包含

---

① 扈企平.资产证券化理论与实务［M］.北京：中国人民大学出版社，2007：180-182.

A、B、C三个信用档次。中诚信国际信用评级有限责任公司分别对三档优先级证券给予了AAA、A和BBB的信用评级，中国建设银行RMBS现金流结构见表3-1。公开发行的优先档规模为2 926 182 500元，而次级档为90 500 638元。优先档分为三档，其中优先A档为2 669 764 500元，优先B档为203 626 100元，优先C档为52 791 900元。该证券采取簿记建档方式发行，优先级资产支持证券均为浮动利率证券，票面利率为基准利率加上基本利差，基准利率为中国外汇交易中心（同业拆借中心）每天公布的7天回购加权利率20个交易日的算术平均值，收益率差则在集中配售时予以确定。依照相关法规，A档、B档证券将在发行后2个月内在银行间债券市场上市交易流通，C档证券可通过协议转让交易流通。

表 3-1 中国建设银行 RMBS 现金流结构简介

证券	发行金额	发行利率	法定最终到期日	信用评级
A级资产支持证券	2 669 764 500	浮动利率	2037年11月26日	AAA
B级资产支持证券	203 626 100	浮动利率	2037年11月26日	A
C级资产支持证券	52 791 900	浮动利率	2037年11月26日	BBB
次级资产支持证券	90 500 638	—	2037年11月26日	未评级

该交易的基础抵押资产池中包含15 162笔个人住房抵押贷款，本金余额30.17亿元。这些贷款按五级贷款分类标准，均为正常贷款。贷款的剩余期限在30年以下不等，剩余期限在5年以上20年以下的占了绝大部分。贷款的地域分布集中在上海、无锡、泉州和福州四个城市，其中上海集中了56.17%的贷款余额。

中国建设银行发行的RMBS的现金流结构在概念上类似于美国的多档转手证券。中国建设银行将住房抵押贷款出售给一个受托机构（信托投资公司，相当于SPV），受托机构向中国建设银行支付转让信托财产的对价，这笔钱通过向投资者发行RMBS筹集。该交易中有服务人（由中国建设银行担任）、信托人和付款代理人。中国建设银行RMBS的交易结构见表3-2和图3-1。

表 3-2　中国建设银行 RMBS 的交易结构：交易主体和中介机构

发起机构	中国建设银行
受托机构和发行人	中信信托投资有限责任公司
贷款服务机构	中国建设银行
资金保管机构	中国工商银行
交易管理机构	汇丰银行
登记及支付代理机构	中央国债登记结算有限公司
安排人	中国建设银行
财务顾问	渣打银行
联合薄记管理人	中国建设银行/中国国际金融公司
法律顾问	金杜律师事务所/富尔德国际律师事务所/竞天律师事务所
评级公司	北京穆迪投资者服务有限公司/中诚信国际信用评级有限责任公司
会计顾问	德勤会计师事务所
税务顾问和独立审计师	毕马威会计师事务所

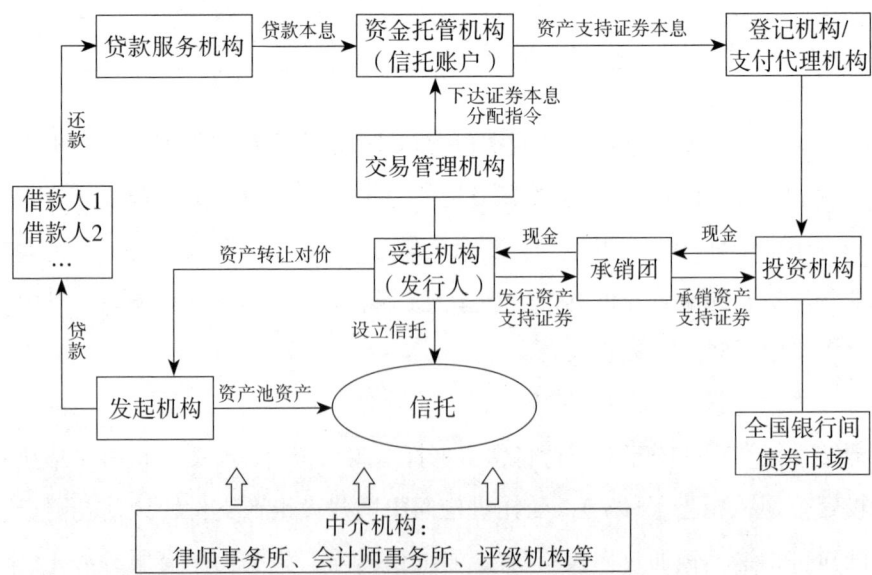

图 3-1　中国建设银行 RMBS 的交易结构

3.2.2 案例评述

以"建元2005-1"产品为先导的资产证券化产品可以改善银行信贷期限结构,提高金融系统的稳定性;可以促进银行转变盈利模式,提高银行资本充足率;可以健全市场定价机制,合理分散信用风险;可以推动资本市场发展,增加投资者的选择;更有助于中国金融业对外开放。虽然说亿元的规模对建设银行来说九牛一毛,但是从业务创新角度和更好地服务客户的角度来考虑,建设银行是当前首批申请开展固定利率放贷的银行之一,推出住房抵押贷款证券可以为固定利率的定价提供一个很好的参照系,同时也为市场提供了一种重要的风险对冲工具。

3.3 开元信贷资产支持证券[①]

3.3.1 案例背景

2005年12月12—15日,国家开发银行发行了国内首只ABS。中诚信国际基于2005年12月8日获得的相关信息,给予2005年第1期开元信贷资产支持证券如下预定评级。在进行评级时,中诚信国际重点分析了本结构性融资交易在现金流支付机制、储备资金提取机制、流动性提升机制、后备服务机构安排等方面的结构特征,综合考虑了国家开发银行作为贷款服务机构的经验和优势,同时基于目前相关法律法规的要求关注了本交易在法律层面的完备性。该证券同样包含优先级和次级资产支持证券。其中,优先A档资产支持证券的评级为AAA级,优先B档资产支

---

① 扈企平.资产证券化理论与实务 [M].北京:中国人民大学出版社,2007:183-184.

持证券的评级为A级，次级档证券未作评级。本交易的利息支付和本金偿付方式采用优先级/次级的支付机制，优先A档证券可获得由B档和次级档证券承担30%预期损失而提供的信用支持，优先B档获得次级档证券承担6%预期损失而提供的信用支持。国家开发银行ABS现金流结构见表3-3。

表3-3 国家开发银行ABS现金流结构

证券	发行金额	利率	预定评级
优先A档证券	292 408.90万元	固定利率	AAA
优先B档证券	100 254.48万元	浮动利率	A
次级档证券	25 063.62万元	—	—
信托生效日	2005年12月21日		
证券到期日	2007年6月30日		
入池资产	国家开发银行发放的人民币公司贷款		
本金余额	2005年12月21日的预期账面值为417 727万元		
发起/服务机构	国家开发银行		
受托机构	中诚信托投资有限责任公司		

该交易的基础抵押资产为国家开发银行发放的工商业贷款，共51笔，本金余额为41.77亿元。遵照中国人民银行最新中长期贷款利率执行，绝大部分贷款的利率为5.18%~6.12%。按照发起人国家开发银行的五级分类结果，资产池中正常类贷款共计46笔，其合计金额占资产池总金额的84.36%；关注类贷款共计5笔，其合计金额占资产池总金额的15.64%。资产池中担保类贷款共计20笔，本金额占资产池总金额的28.26%；信用贷款共计31笔，本金额占资产池总金额的71.74%。按照发起人的行业分类，入池贷款主要涵盖了市政公共设施管理、交通运输、能源、电信、化工、机械制造等多个行业领域的贷款。具体的资产池概况和借款人行业分布见表3-4和表3-5。

表 3-4 国家开发银行 ABS 资产池概况

贷款笔数	51个
借款人数目	29户
本金总额	417 727万元
单个借款人平均本金额	14 404.38万元
加权平均利率	5.411%
加权平均已偿还期限	约59个月
加权平均剩余期限	约15个月

表 3-5 国家开发银行 ABS 基础资产的行业分布

行业	贷款金额（万元）	贷款金额占比（%）
电力、热力的生产和供应业	182 277	43.64
电信和其他信息传输服务业	82 000	19.63
公共设施管理业	61 500	14.72
铁路运输业	48 000	11.48
石油和天然气开采业	20 000	4.79
交通运输设备制造业	8 000	1.92
道路运输业	4 500	1.08
煤炭开采和洗选业	4 300	1.03
医药制造业	4 300	1.03
化学原料及化学制品制造业	2 850	0.68
合计	417 727	100

国家开发银行ABS交易的重要参与方：（1）委托人/发起机构与发行安排人都为国家开发银行。（2）国家开发银行作为本交易的贷款服务机构，在受托机构的授权范围内负责本信托项下信贷资产的回收、催收、处置等各项事务。国家开发银行在资产质量、盈利能力和资本充足

性方面明显优于国有银行和股份制商业银行,财务实力极强;其国有独资背景和国家信用载体的角色使该行具有无可比拟的体制优势,从而对其业务发展和财务状况形成强有力的支持。国家开发银行作为贷款服务机构对入池贷款进行管理、回收具有很强的优势。(3)本交易的资金保管机构——中国银行负责提供信托财产的资金保管服务。本交易信托资金通过中国银行的电子清算系统执行划转。该电子清算系统已经安全运行七年,系统功能成熟,性能较为稳定。为进一步提高数据与资金划转的安全性,中国银行将同时运行四个并行系统,当一个系统出现问题时,所有数据的划转和存储仍可正常运行。(4)受托机构为中诚信托投资有限责任公司,信托业务是公司的核心业务,其范围已涉及银行信贷资产受让、应收账款受让、基础设施融资、房地产融资和高新技术企业融资等多个方面。目前公司在证券投资信托、企业年金信托、股权信托和应收账款信托等方面进行了积极准备。同时,公司还从事投资基金、证券投资和投资银行业务。(5)中央国债登记结算有限责任公司为登记托管机构,负责向投资者进行收益分配。

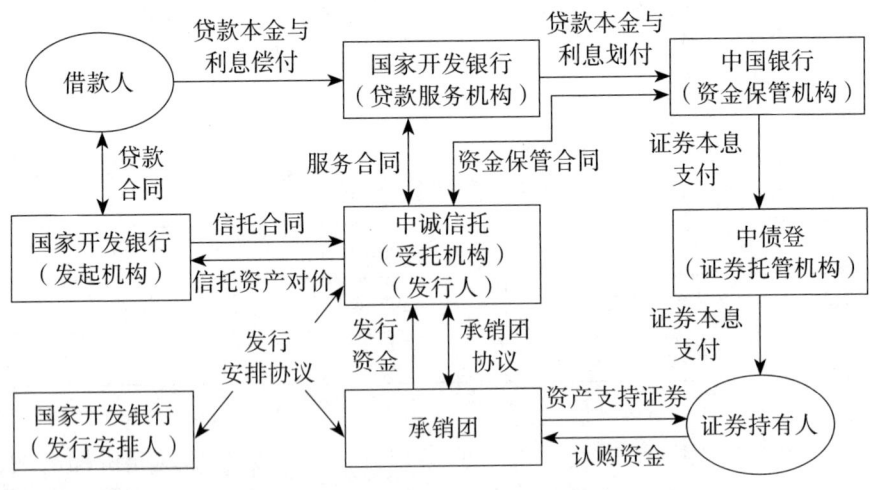

图 3-2 国家开发银行 ABS 的交易结构图

如图3-2所示，除基础资产外，国家开发银行发行的ABS在结构上与中国建设银行发行的RMBS类似。值得注意的是，由于工商业贷款期限较短，所以开元一期ABS的期限只有一年半左右的时间，远远短于个人住房抵押贷款支持的建元一期RMBS 30多年的期限。

3.3.2 案例评述

本案例的启示如下。

一、选好基础资产是信贷资产证券化的首要条件

信贷资产证券化的基础资产是信贷资产，选取什么样的基础资产证券化，是信贷资产证券化成败的关键，也是防控证券化过程中信用风险的核心。当年美国爆发次贷危机，其根本原因在于未选好证券化的基础资产。在我国信贷资产证券化试点的实践中，基础资产的选择问题也一直被作为最重要的问题之一，得到试点单位和监管部门的重视。国务院首次批准国家开发银行和中国建设银行试点，明确证券化试点项目的基础资产分别为一般信贷资产和住房抵押贷款。

从我国信贷资产证券化实践来看，可以作为证券化基础资产的信贷资产，应该是那些现金流比较稳定、能够带来预期收益、距离到期日尚有一定时间、信用等级比较稳定的贷款。中国建设银行MBS交易的基础资产包括15 162笔个人住房抵押贷款，这些贷款按五级贷款分类标准，均为正常贷款。贷款的剩余期限在30年以下不等，剩余期限在5年以上20年以下的占了绝大部分。国家开发银行ABS交易的基础资产多为地方基础设施建设的中长期贷款，还款周期较长，信用贷款比重较高，入池贷款在单户借款人本金余额分布及电力、电信行业（金额）分布方面的集中度较高。可见，入池贷款的资产质量较高，借款人大部分为财务实力较强的国有特大型、国有大中型企业，普遍拥有良好的信用记录。这也是国家开发银行和中国建设银行资产支持证券与住房抵押贷款证券化试点成功的首要条件。

二、健全信用评级制度有助于证券化顺利推进

在开展证券化的过程中，证券化产品的信用评级是一个重要环节。信用评级是对评级对象信用状况的一种评估。评级主体主要是银行或专业的信用评级机构，评级对象是借款人和金融产品。金融产品主要是债券、资产支持证券等固定收益产品。银行对借款人的信用评级是为自己的贷款业务服务的，目的在于减少贷款的信用风险。信用评级机构的信用评级是为投资人服务的，目的在于帮助投资人识别金融产品的信用风险，在投资决策时做参考。专业的信用评级机构对于投资人而言，是第三方而非金融交易的当事人，因此，他们的评级结果通常被认为是公正的，也容易为投资人所接受。

资产支持证券是以证券化基础资产的信用作保证的，这些资产证券化后就与原来的持有人脱离了关系。这样，资产支持证券的信用登记与基础资产的原持有人（发起人）本身的信用状况无关，而只与基础资产的信用状况有关。国家开发银行ABS交易的信用评级机构为中诚信国际信用评级有限责任公司，中国建设银行RMBS交易的评级公司为北京穆迪投资者服务有限公司与中诚信国际信用评级有限责任公司。主要通过计算贷款的预期损失对入池资产的信用风险进行分析。贷款的预期损失由贷款违约的可能性（违约率）和发生违约后损失的严重程度（损失率）决定，对上述入池资产对应借款人和贷款进行了逐一分析。同时对两家银行公司贷款历史还款、资产五级分类调整、借款人内部信用等级转换等相关统计数据的分析，结合参考国际评级机构对违约率的统计数据，确定了当前经济景况下入池贷款对应借款人的违约率范围。结合对借款人所在行业特征、所在地区司法环境以及贷款性质、担保或其他保障条款的设定、担保人的财务实力、处置费用等因素的分析，对每笔贷款发生违约后可能的回收情况和回收时间做出判断。

2008年国际金融危机后,我国金融监管当局在重新启动资产证券化试点时,对信用评级加强了管理,规定必须进行"双评级",并只认可较低的评级结果。所谓双评级,就是由两家信用评级机构对同一证券化产品的信用等级进行评估。实行"双评级"的目的主要是促进评级机构客观公正地评级,减少评级机构的道德风险。

三、需要加强对证券化业务的监管

我国信贷资产证券化试点是在政府特别是金融监管部门支持和推动下开展的。由于证券化是一种比债券更为复杂的证券产品,所以监管必须严格。美国次贷危机的教训之一就是监管部门对次级房贷证券化疏于管理。吸取美国次贷危机教训,应该努力做好证券化的监管工作。

2010年下半年重启资产证券化试点后,监管部门对证券化的风险防控问题十分重视,出台了一系列政策措施,其中也包括严格的监管。2014年后,监管部门听取市场呼声,开始改进监管方式。2015年,中国银监会先发出公告,改变原来对证券化项目的审批方式,不久中国人民银行也发出公告,将原来证券化项目的审批制改为备案制。此后,对证券化项目的监管也有了较大改进,证券化的进程也开始加快。

证券化项目的参与者众多,包括发起人(银行、各类金融公司、工商企业)、信托公司、财务顾问(通常由证券公司担任)、会计师事务所、律师事务所。发起人是证券化项目基础资产的所有者,他们是资产的出售者,也是监管部门重要的监管对象。但是中介机构在证券化活动中的角色是一个市场参与者,它们对证券化过程中各个环节的把关,是履行其职责的要求。所以,如何让中介机构在证券化过程中发挥其有力的作用,是监管部门面临的一个新课题。

3.4 企业信贷资产证券化——中远集团资产证券化[①]

2006年,一些国内企业也开始尝试开展资产证券化试点,尝试将其未来的营运收入现金流进行证券化。为区别于银行信贷资产证券化,这种对企业未来现金流收入的证券化交易被称作企业资产证券化。在实际操作中,企业资产证券化业务受中国证券监督管理委员会管理,产品在上海证券交易所和深圳证券交易所发行和交易。企业资产证券化对发行人最大的好处是融资,其作用类似于发行企业债。发行企业资产证券化产品具有快捷的特点,其融资成本也显著低于企业债和银行贷款。从投资人角度看,其收益显著高于其他投资方式。因此,企业资产证券化产品一出现,就受到大众的欢迎。下面以中远集团航运收入资产证券化为例介绍企业资产证券化的结构。

3.4.1 案例背景

一、背景简介

中远集团是以国际航运为主业,集船务代理、货运代理、空运代理、码头仓储、内陆集疏运、贸易、工业、金融、保险、房地产开发、旅游、劳务输出、院校教育等业务于一体的大型企业集团,是国家确定的56家大型试点企业集团之一。中远集团在全国各地都有自己的企业和网点,其中在广州、上海、青岛、大连、天津等地的远洋运输企业已经

[①] 张国胜. 投资银行理论与实务 [M]. 北京:清华大学出版社,北京交通大学出版社,2014.

成为具有相当实力的地区性公司。此外，中远集团在世界38个国家和地区设有自己的代理机构或公司，在全球150多个国家和地区的1100多个港口设有自己的代理，已经形成了一个以北京为中心，以中国香港、美国、德国、日本、澳大利亚和新加坡为地区分中心的跨国经营网络。

中远集团的融资方式有：

（一）商业票据

中国远洋运输（集团）总公司一直在美国资本市场连续发行商业票据，发行的商业票据最长期限为270天，通过组建银团进行分销，并且以信用证作为发行的商业票据担保。2000年2月2日中远集团的商业票据续发签字仪式在纽约顺利举行，成为中远集团进入新千年后的第一个融资项目。意大利锡耶纳银行、美洲银行、花旗银行、美国第一银行和大通银行等多家美国主要银行和中国银行、中国交通银行的代表出席了这一仪式，并在有关合约上签字。

（二）资产支持证券

在东南亚金融危机的冲击下，商业票据融资渠道的融资功能大大减弱，中远集团于1997年一次发行3亿美元的资产支持证券，发行期限为7年。并且于1999年发行了2.5亿美元的资产支持证券，发行期限为5年。与发行的商业票据相比较而言，资产支持证券发行的期限较长，不需要连续发行，并且融资成本低于通过商业票据发行的成本。

二、中远集团某子公司发行资产支持证券的流程

1. 中远集团某子公司在未来几年以连续形式为客户提供远洋运输服务，获得稳定和资产质量较好的运输收入流。

2. 投资银行（大通银行）担任中远集团下属公司的投资银行顾问，根据中远集团某子公司前几年的运营情况进行分析，以未来的运费收入作为资产支持证券的资产池，并建立相应的协议与文本。

3. 投资银行在开曼群岛设立一特设信托机构，特设信托机构为独立法人机构，由于注册地在开曼群岛，享受免税待遇，但它实质上是一个空壳公司。

4. 中远集团某子公司将未来几年客户的运输收入以协议形式出售给特设信托机构。

5. 中远集团为特设信托机构发行资产支持证券提供担保。

6. 特设信托机构在美国资本市场发行资产支持证券。

7. 投资银行作为发行资产支持证券的主承销商，在美国资本市场寻找投资者。

8. 地方和国家外汇管理局对资产支持证券发行过程中涉及的外汇问题进行协调和审批。

9. 获得中国金融监管部门的审批，包括中国人民银行、国家计委、中国证券监管委员会等部门的审批。

三、中远集团某子公司发行资产支持证券的现金流转过程

1. 资产支持证券的投资者在美国资本市场上购买资产支持证券，将资产支持证券的收入转入到特设信托机构账户上（即某商业银行CACSO账户）。

2. 特设信托机构将发行资产支持证券的收入，通过某商业银行CACSO账户转入到中远集团某子公司账户上。

3. 中远集团某子公司将承销费用和律师费用转入投资银行和律师事务所账户上。

4. 在未来的时间里，中远集团某子公司的客户按协议和合同将运输费用付到某商业银行CACSO账户中，此商业银行账户是按公告中协议规定设置的，中远集团某子公司不能任意动用此资金账户中的资金。

5. 通过某商业银行CACSO账户将发行的资产支持证券的本金和利息支付给资产支持证券的投资者，支付方式按公告中的协议规定。

6. 如果此商业银行账户支付给资产支持证券投资者本金和利息后仍有剩余，则将剩余部分支付给中远集团某子公司。

7. 代管公司对某商业银行CACSO账户进行全过程监管。

3.4.2 案例评述

中远集团航运收入资产证券化是早期成功实施的资产证券化项目之一。由于中远集团是一个全球企业,在国际市场上知名度较高,使得中远集团资产证券化项目实施过程中一直保持较高的信用评级,获得投资者的信任,并且在发行过程中聘请外资投资银行担任证券化项目的主承销商。该项目的主要特点有:

一、运输收入款的证券化符合资产证券化项目融资产品的要求,满足以未来可预见到的现金流为支撑发行证券的要求。中远集团子公司在美国资本市场上发行资产支持证券采取私募形式。通常在公开资本市场融资的渠道有:二级市场发行、私募形式向机构投资者发行和柜台交易系统发行。在中远集团的案例中,由于机构投资者的参与,使发行的交易成本较低。特设信托机构的设立,在资产支持证券发行的交易结构中采用了"真实出售"的过程,实现了破产隔离,提高了发行证券的信用等级。

二、中远集团子公司在美国资本市场上成功发行资产支持证券,其中一个重要原因是中远集团子公司是一个全球企业,它的许多客户都是外资机构,所获得的运费收入是通过美元等硬通货进行结算的,在发行过程中涉及的外汇障碍较少,不会产生外汇平衡的问题,较易通过国家外汇管理局的审批。

三、在美国资本市场上,获得良好的信用评级是发行资产支持证券的难点和重点,在此案例中,在设计资产支持证券资产池时,优选了信用可靠的大公司的未来运费收入作为资产池资产;在设计发行规模时,应用超额抵押的形式(即资产池所包括的资产超过发行的资产支持证券的利息和本金);项目由中远集团总公司进行担保;在发行过程中聘请了美国资本市场中知名的投资银行担任投行顾问和主承销商。因此,本案例中发行的资产支持证券是在BBB级以上的投资级证券。

3.5 "招商蛇口长租公寓第一期资产支持专项计划"[①]

3.5.1 案例背景

一、背景简介

目前招商蛇口的长租公寓已布局深圳、北京、天津、重庆等多个城市,上海、广州等城市也将有项目落地,建筑规模总计约60万平方米,约1.6万间。未来将通过收购兼并的模式加速扩张,在一线及重点二线城市进行重点布局,管理规模扩容至100万间。招商蛇口全国范围内已开发运营超过300多个住宅项目,大多分布于一、二线重点城市的核心区域,为发展住房租赁业务提供了存量基础。招商蛇口多个正在推进的公寓项目是由在售或自持物业转变而来。自重组上市后,招商蛇口确立"前港-中区-后城"发展模式,基于蛇口经验,倡导成片区综合开发,即以港口先行,产业园区跟进,再配套城市功能开发,从而形成联动引领城市升级。

对于长租公寓而言,房源、成本和服务品质是发展的三要素。持有大量自有房源且拥有超过30年公寓运营经验的招商蛇口,从未满足于先天优势,一直在成本管控和服务品质方面开拓创新。招商蛇口步伐稳健,公寓基因自80年代初开始繁育,具备租期稳定,空置期少,溢价率高等显著优势。但不满足于此,招商蛇口不断创新与变革,将资产管理

---

① 王瑶.招商蛇口长租公寓资产证券化案例研究[D].河北大学,2019.

水平与服务水准提升至更高层次。目前，招商蛇口旗下长租公寓主要有三条产品线，每条产品线都已形成标准化体系。

随着租购并举的住房制度自2015年被首次提出，2017年住宅租赁市场的政策利好消息更是层出不穷，政策红利从培育住房租赁企业、扩大租赁房源供给、鼓励住房租赁消费、土地政策支持及金融政策支持等多方面吸引了多元化市场主体参与。住建部等九部委于2017年发布的《关于在人口净流入的大中城市加快发展住房租赁市场的通知》（建房〔2017〕153号）明确表示"加大对住房租赁企业的金融支持力度，拓宽直接融资渠道，支持发行企业债券、公司债券、非金融企业债务融资工具等公司信用类债券及资产支持证券，专门用于发展住房租赁业务。鼓励地方政府出台优惠政策，积极支持并推动发展房地产投资信托基金（REITs）""支持金融机构创新针对住房租赁项目的金融产品和服务"，政策红利在金融政策方面催生了租赁市场的金融创新，特别是在资产证券化领域，其中REITs更是被多次强调。

受上述政策影响，自2017年开始，长租公寓ABS项目应运而生，模式也从相对简单的租金收益权ABS扩展到更为复杂的类REITs。自持物业的重资产模式下，长租公寓企业可利用所持物业的价值，采用CMBS或REITs模式发行ABS产品。CMBS指商业房地产抵押贷款支持证券，与租金收益权ABS类似，设立信托计划并产生信托收益权作为基础资产，而与租金收益权ABS不同的是，CMBS模式下长租公寓企业将其持有的物业抵押给信托计划。招商蛇口为发展自身租赁市场，率先发行我国首单长租公寓抵押贷款资产证券化产品，迈出其作为房地产企业转型升级的重要一步。

二、发行概况

2018年2月13日，以招商局蛇口工业区控股股份有限公司为发行人的"招商创融-招商蛇口长租公寓第一期资产支持专项计划"在深圳证券交易所成功设立发行。本单产品是国内首单储架式长租公寓发行的CMBS项目,产品总规模60亿元,首期发行20亿元,期限为18年,其中优先级产品规模19.90亿元,获得AAA评级。招商蛇口此次长租公寓资产支持证券刚一发行,便获得2.36倍的超额认购,发行利率控制在5.7%。此外,该专项计划规定次级资产证券由招商蛇口或其指定机构认购。截止到2018年12月该专项计划已进行了第一次收益分配,分配金额为6308.57万元。

本单产品率先在CMBS领域引入了储架发行的交易结构,即一次审批、分期发行的模式。第一期专项计划以位于深圳市南山区蛇口,出租情况良好的长租公寓作为基础资产。在增信措施方面,考虑到不同层面的风险,本专项计划设置了优先级/次级分层、超额覆盖、差额补足、物业资产抵押担保等不同层次的缓释措施。

三、产品结构

（一）主要参与人

表3-7 产品构造

项目	内容		
产品名称	招商创融—招商蛇口长租公寓第一期资产支持专项计划		
基础资产	信托受益权,底层物业为深圳市招商公寓发展有限公司持有并对外出租的位于深圳市南山区蛇口四海路西、工业九路以东的1 826套物业		
发行规模	20亿元		
优先级规模/比例	19.9亿元（99.5%）	次级规模/比例	0.1亿元（0.5%）
优先级期限	3+3+3+3+3+3	次级期限	3+3+3+3+3+3
非特定原始权益人	深圳市招商置地投资有限公司		
资产服务机构	深圳市招商公寓发展有限公司		
售回承诺人/差额补足义务人	招商蛇口工业区控股股份有限公司		
信托受托人/受托人/贷款人	建信信托有限责任公司		
计划管理人	招商证券资产管理有限公司		

续表

托管银行	中国农业银行股份有限公司深圳市分行
监管银行	中国农业银行股份有限公司深圳南山支行
登记托管机构	中国证券登记结算有限责任公司深圳分公司
评级机构	中诚信国际信用评级有限责任公司

（二）交易结构

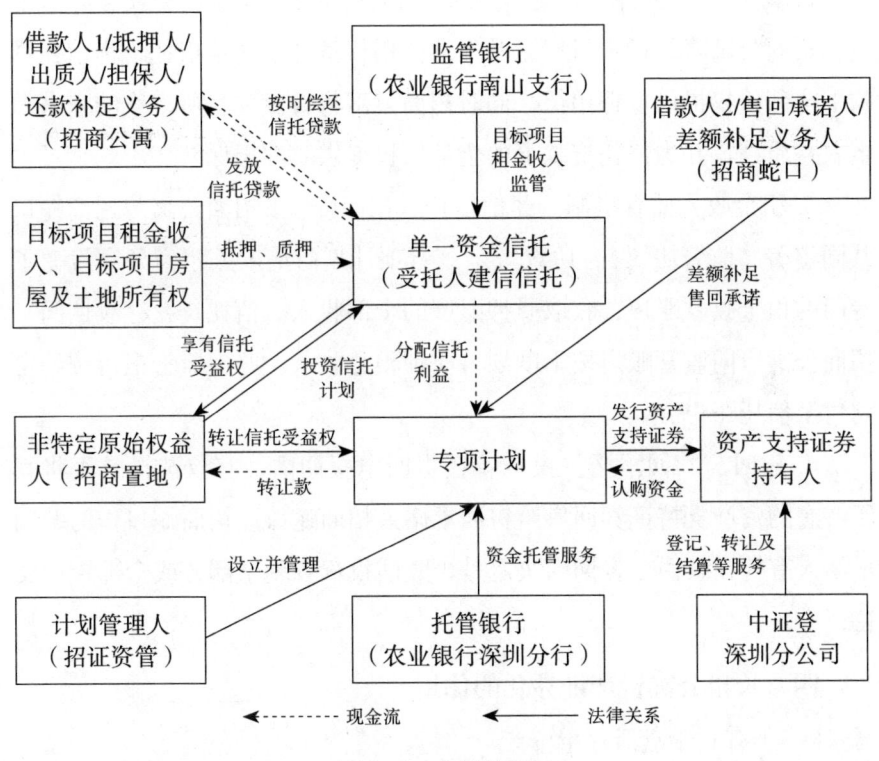

图3-4 交易结构图

（三）基础资产

招商蛇口此次长租公寓抵押贷款资产证券化的基础资产为原始权益人招商置地享有的信托受益权，该信托受益权资金来源即为目标项目的租金收益。专项计划的目标项目是招商蛇口子公司招商公寓持有并对外出租的位于广东省深圳市南山区的四海小区1 826套可供出租房屋。

（四）信用增级措施

本单产品的主要增信措施如下：

1. 差额补足。招商蛇口作为差额补足义务人和售回承诺人能够在极大程度上保障优先级资产支持证券本息的按时足额兑付并满足优先级资产支持证券投资者的售回需求。

2. 物业资产抵押与租金收入质押担保。根据《信托贷款合同》规定，招商公寓将目标项目房屋及土地使用权抵押给建信信托，为信托贷款下全部债权提供抵押担保，同时招商公寓将目标项目所产生的未来租金收益质押，并为信托贷款下的全部债权提供质押担保。

3. 租金收入监管机制。建信信托、招商资管、招商公寓与招商蛇口共同签署《监管协议》，协议规定该专项计划由借款人招商公寓设立了专门的租金收款账户，收取质押财产的全部收入。信托贷款存续期间，招商公寓应向监管账户按季度划付质押租金收入，并由监管银行按约定划付至信托账户。

4. 售回与赎回承诺。投资者在售回申报期内，有权选择是否将其所持有的资产支持证券回售给售回承诺人招商蛇口。招商蛇口作为赎回承诺人有权在赎回公告期内决定是否赎回投资者剩余部分或全部资产支持证券。

四、长租公寓资产证券化的作用

（一）有利于盘活存量资产

招商蛇口2013年到2017年累计库存面积占新开工面积比率呈曲折上升的态势，其中2017年库存占比接近40%，即将追赶上销售面积，存益资产压力不断加大，企业需要转变经营思路以进一步打开市场。因此，随着国家住房租赁政策的进一步推动，招商蛇口为缓解自身库存压力开始扩展住房租赁业务。招商蛇口通过此次长租公寓资产支持证券的发行进行融资，促进企业资金回流，从而有效缓解企业库存压力，实现存量资产的盘活。

（二）增加资产的流动性

近年来招商蛇口发展迅速，根据招商蛇口各年度报告显示招商蛇口总资产从2014年12月到2018年6月增长了142%，增势迅猛。在资产结构中，存货占比均在50%以上，绝对值不断上升。由于招商蛇口为房地产企业，其存货中有一定比例为流动性较差的不动产。招商蛇口存货占流动资产比例较大且不具备短期变现能力，因此其资产质量优良但是流动性较差，为保证流动性其需要大量的资金支持，融资需求较强。招商蛇口发行长租公寓资产证券化促进存货资产盘活，增强资产流动性，为企业融得资金，促进企业进一步发展。

（三）缓解负债融资的压力

招商蛇口目前仍处于业务扩张阶段，为了扩大自身市场份额，其需要较大的资金支持。随着目前住房租赁市场的快速发展，招商蛇口紧抓机遇，发行长租公寓资产证券化，迈出其实现自身转型的重要一步。招商蛇口通过发行资产支持证券向社会融资，将回流资金有效运用到企业进一步市场拓展中，积极转变企业经营方式，既可以帮助缓解资金短缺，弥补流动性缺陷，还可以一定程度上缓解企业负债融资压力，促进企业开拓新的项目板块。

3.5.2 案例评述

招商蛇口此次顺利发行了我国首单长租公寓抵押贷款资产证券化产品，本单CMBS的发行给优质住房租赁企业打开了新的融资渠道，增强了资产流动性，这是长租公寓领域内的又一金融创新。在金融服务实体经济大背景下，对推动房地产商转型、规范和培育长租公寓市场有积极的促进作用，从而对于贯彻"房住不炒"这一核心指导思想也具有巨大的推动作用。值得注意的是，在产品运行过程中应优化基础资产筛选机制，保持现金流稳定，长租公寓抵押贷款资产证券化具有期限较长、金额较大、结构复杂的特性，要想保证基础资产现金流稳定，在基础资产的选取上要求较高；选择优质目标资产，提高产品回报率；创新破产隔离方式，完善产品交易结构；扩大计划管理人权限，缓解流动性风险；完善次级资产支持证券评估体系；选择专业性强的风险监测机构与评级机构。此外，未来应不断完善住房租赁资产证券化各方面的法律法规，保证住房租赁资产证券化能够健康发展。

3.6　互联网金融资产证券化——阿里巴巴专项资产管理计划[①]

近年来，我国金融领域最引人瞩目的创新多发生在互联网金融领域，余额宝、P2P、网上开户等互联网金融创新产品在吸引眼球的同时，也冲击着传统券商一成不变的业务思维和业务模式。

2014年5月16日，2014年证券经营机构创新发展研讨会在北京召开，"互联网证券"业务被提上会议议程。创新大会之前，中国证监会公布《关于进一步推进证券经营机构创新发展的意见》，明确提出"积极利用网络信息技术创新产品、业务和交易方式，探索新型互联网金融业务"，定下了券商发展互联网金融的基调。创新大会则将这一发展方向细化为三项任务，包括支持证券经营机构开展互联网证券业务试点，制定互联网证券业务自律规则；制定《众筹融资管理暂行办法》及《互联网证券监管办法》；修订《证券公司网上证券信息系统技术指引》。

---

① 曹明，李盛，杨玺. 从东证资管-阿里巴巴专项计划看证券公司互联网金融发展模式[C]. 中国证券业协会. 创新与发展：中国证券业2014年论文集. 2014：447-454.

证券公司发展互联网金融，一方面能够利用互联网平台的广泛性、渗透性更好地为小微企业服务，支持实体经济发展；另一方面能够扩大经纪、资管等业务的客户基础，为客户带来更便捷的投资理财服务体验。对于证券公司本身而言，发展互联网金融是拉近与终端用户距离、提高服务水平、增强客户黏性的重要手段。

近年来，在国家相关部门的支持下，监管层一方面积极规范民间借贷市场，另一方面大力发展小额贷款公司，多方着手纾解小微企业的融资压力。特别是小额贷款公司，其服务的客户群体几乎全部为小微企业，凭借灵活高效的信贷审核及放款程序，可有效吸纳民间资本参与等特色，近些年取得了迅猛发展，得到了不少小微企业的认可。

据中国人民银行统计，截至2013年末，全国共有小额贷款公司7 839家，贷款余额8 191亿元，全年新增贷款2 268亿元。其中，江苏、辽宁、内蒙古、安徽、河北五省区的小额贷款公司数量均超过400家。其中江苏省有小额贷款公司573家，贷款余额1 142.9亿元，是我国31个省区市中小额贷款公司数量最多、贷款余额最多的省份，而江苏也同样是国内小微企业数量众多的省份。从这一数据看，小额贷款公司的发展与小微企业的发展呈现高度的相关性。

在发展过程中，小额贷款公司的经营和发展也面临明显瓶颈，主要表现在两个方面：一是小额贷款公司的经营杠杆有限。由于小额贷款公司不能吸纳存款，放贷资金全部来自于股东资本金、银行贷款和股东借款。小额贷款公司常常面临"无钱可贷"的困境，同时直接影响小额贷款公司的ROE，使得一些小额贷款公司通过违法违规发放"高利贷"来博取高回报。二是小额贷款公司的风险控制能力存在局限性。由于小额贷款公司的客户群体大多数为小微企业，经营风险较大，财务数据失真，使小额贷款公司的风险控制难度较大，同时多数小额贷款公司管理水平不高，人力物力有限，导致小额贷款公司的风险控制能力存在较大的局限性。

3.6.1 案例背景

一、背景介绍

为了克服小额贷款公司发展的制约因素,一些互联网巨头开始探索将小额贷款公司的业务与互联网结合,实现线下业务的线上改造,大大拓宽了客户群体,分散了风险。同时,互联网公司充分利用自身优势,利用大数据等技术对借款人信用资料进行分析记录,提高了风险控制能力。

以阿里巴巴为例,其作为国内最大的电子商务集团,通过设立浙江阿里巴巴小额贷款股份有限公司(以下简称浙江阿里小贷)和重庆市阿里巴巴小额贷款有限公司(以下简称重庆阿里小贷,浙江阿里小贷和重庆阿里小贷统称阿里小贷),立足于互联网金融平台开展小额贷款业务,为其平台上的众多小微企业提供融资服务。

浙江阿里小贷成立于2010年3月,重庆阿里小贷成立于2011年6月。阿里小贷面向阿里巴巴、天猫网和淘宝网平台上的商家提供信用贷款、订单贷款等多种贷款产品。截至2013年4月30日,阿里小贷开业至今累计获贷客户数24.03万户,累计发放贷款803.08万笔,累放金额810.23亿元;余额客户数4.38万户,贷款余额11.48万笔,金额19.78亿元(不包括已转让贷款资产),户均贷款金额为5万~15万,平均贷款期限80天左右。按照金额计算,整体不良率为1.23%。

由于阿里小贷模式与平台具有垄断性,客户群体限定为电子商务小微企业,在一定程度上规避了前述小额贷款公司所受的局限。比如通过网络而非实体开展业务,使得其辐射范围突破了地域限制,理论上可以覆盖全部在阿里巴巴电子商务平台开展业务、具有一定信用等级的商户。再如阿里小贷以数据和网络为核心基础,充分利用其天然优势,即阿里巴巴B2B、淘宝、支付宝等电子商务平台上客户积累的信用数据及行为数据,引入网络数据模型和在线视频资信调查模式,通过交叉检验技术辅以第三方验证确认客户信息的真实性,将客户在电子商务网络平台上的行为数据映射为企业和个人的信用评价的做法,在一定程度上提升了征信的可信度,增加了对客户违约的防范手段,提高了风险控制的水平。

在信贷风险防范上,阿里小贷建立了多层次的微贷风险预警和管理体系,并预提超过250%的风险拨备资金用于防范可能出现的信贷风险。具体来看,阿里小贷将贷前、贷中以及贷后三个环节节节相扣,利用数据采集和模型分析等手段,根据客户在阿里巴巴/淘宝网平台上积累的信用及行为数据,对客户的还款能力及还款意愿进行较准确的评估。同时结合贷后监控和网络店铺/账号关停机制,提高了客户违约成本,有效地控制了贷款风险。

目前阿里小贷提供信用贷款和订单贷款两种贷款产品。阿里小贷的贷款资产集中反映了小微企业数量多、贷款金额小、贷款时间短等特征,也通过对信贷技术的持续不断创新,进一步完善了信贷流水线,建立起真正的"信贷工厂",使得大批量为小微企业服务成为可能。

尽管阿里小贷在业务模式方面具有独特优势,但在同等监管政策下,阿里小贷也面临"放贷资金有限、融资难"的问题。特别是在阿里巴巴电子商务平台"年中大促""双十一促销"等大规模营销期间,电子商务商户对资金的短期需求量出现集中爆发(2012年"双十一"期间,天猫与淘宝网单日销售额超过191亿元),阿里小贷的资金压力会骤然增加。2012年至今,阿里小贷曾通过信托增资等形式进行过融资,但由于受到可融资额度与资本金的比例限制等因素,难以成为解决融资难问题的长效手段,进而直接影响对小微企业的融资服务水平。

二、东证资管—阿里巴巴专项资产管理计划运作模式

小额贷款公司是民间资本为小微企业服务的主要形式,但是小额贷款公司的发展面临资金不足、辐射范围有限和风险不易控制等问题。通过探索将小额贷款资产进行证券化,可以有效盘活小额贷款公司的贷

款资产，有利于控制风险。同时结合互联网大数据等先进技术，又能为资产证券化业务链条中建立信用模型、筛选基础资产、完善风控机制等环节提供支持。东证资管—阿里巴巴专项资产管理计划的运作模式是：运用互联网金融和资产证券化服务于小微企业融资，支持实体经济发展。阿里小贷通过将小额贷款资产进行资产证券化，将优质贷款组合（包括本金与收益）出售给专项资产管理计划，以此贷款组合为基础，向投资者发行证券，然后回笼资金再去做贷款。借助资产证券化，等同于是让电子商务平台上的小微企业和个人创业者，间接获得了资本市场的融资支持。将小额贷款资产进行证券化后，阿里小贷可从资本市场获取可贷资金，进一步扩大业务规模，更好地为实体经济提供金融服务。小微企业作为阿里小贷的主要客户，将受益于资产证券化产品的发展。

东证资管—阿里巴巴专项资产管理计划是依据《证券公司资产证券化业务管理规定》，从业务需求和市场需求出发，在合规和风险可控的基础上进行创新，从交易结构、投资管理、风险控制和发行销售方面进行专门优化，面向有一定风险承受能力和收益需求的机构投资者群体推广和发行资产支持证券的专项资产管理计划。

（一）专项计划基本情况

东方证券资产管理有限公司（以下简称东证资管）通过设立专项计划并以管理人身份，分10期发行总额不超过50亿元、存续期不超过3年的资产支持证券，每期发行规模控制在2亿~5亿元，每期期限1~2年。每期优先级、次优先级、次级资产支持证券的份额比例均为7.5∶1.2∶1，其中优先级与次优先级资产支持证券向境内合格机构投资者发行，次级资产支持证券向重庆阿里小贷或浙江阿里小贷（本计划原始权益人）定向发行。各期募集资金用于向原始权益人（每期在重庆阿里小贷与浙江阿里小贷中选择一家作为原始权益人）购买基础资产，即原始权益人因通过阿里巴巴、淘宝网和天猫网平台向借款人发放小额贷款而合法享有的债权资产。

东证资管—阿里巴巴专项资产管理计划通过资产证券化手段，依托阿里小贷平台，在严格风险控制的基础上，服务于大量无法在传统金融渠道获得贷款的"弱势群体"，满足其对金额小、期限短、随借随还的小额贷款需求。相较于以往的资产证券化项目，东证资管—阿里巴巴专项资产管理计划主要在基础资产、交易结构、发行模式和日常运营等四个方面进行了创新。

一是专项计划基础资产为阿里巴巴旗下两家小额贷款公司的小额贷款资产，具有金额小、期限短等显著特征，是国内首个以该类资产为基础资产的证券公司资产证券化项目。

二是与传统资产证券化项目相比，该专项计划在交易结构方面最大的特点在于循环购买基础资产，使得资产支持证券的期限更能适应金融市场上投资者的需求，也大大提升了资金的效率。

三是在发行模式方面，专项计划采取了统一结构、分期发行的模式，更好地满足了阿里巴巴平台上小微企业的资金需求节奏，同时平滑一次性发行带来的集中风险。

四是日常运营方面，专项计划引入了自动化的资产筛选系统和支付宝公司提供的资金归集和支付服务，更好地适应阿里小贷基于互联网和大数据的业务模式。

（二）专项计划交易结构

东证资管作为管理人，委托基础资产转让方即阿里小贷作为基础资产服务机构，对基础资产进行管理，包括但不限于基础资产资料保管，对借款人应还款项进行催收，运用前期基础资产回收款滚动投资后续资产包等。专项计划资产支持证券到期后，管理人按照合同的约定将基础资产的收益分配给专项计划资产支持证券持有人。担保及补充支付承诺人在期限届满时在一定的担保及补充支付额度内为优先级和次优先级资产支持证券的本金及收益提供担保和（或）补充支付。东证资管—阿里巴巴专项计划交易结构见图3-5。

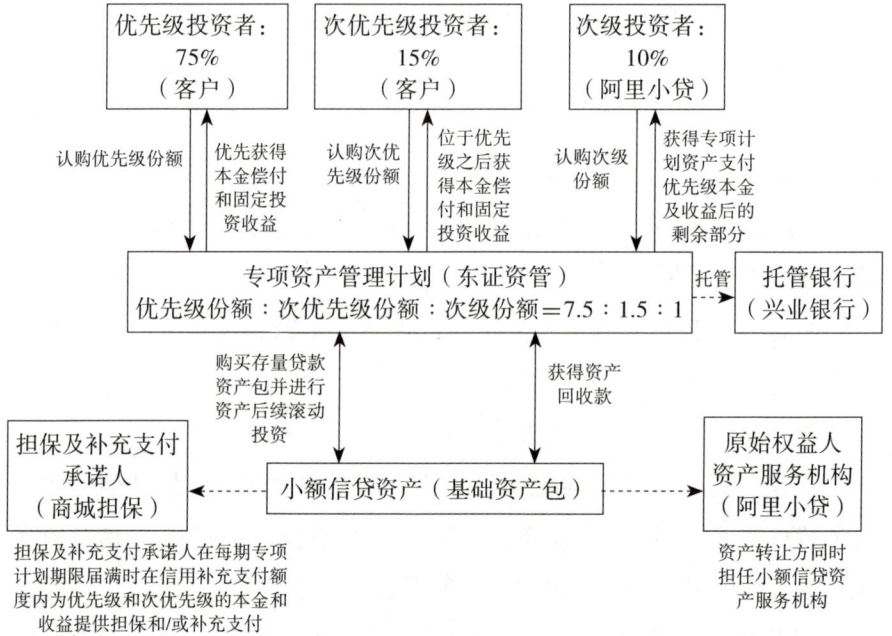

图 3-5　东证资管—阿里巴巴专项计划交易结构

（三）统一结构、分期发行的意义

东证资管—阿里巴巴专项资产管理计划分为10期发行，每期产品交易结构一致，每个专项计划存续期1~2年，发行规模控制在2亿~5亿元。发行时间由阿里小贷根据融资需求确定，发行规模及期限根据市场情况确定，并且与阿里小贷的资产规模和资产质量相挂钩。

阿里小贷的小额贷款业务正处于稳定增长阶段，资产规模与资金需求都将处于持续的动态调整之中，如专项计划采取传统的一次发行，将造成募集规模受限，也无法匹配阿里小贷的持续融资需求。分期发行的方式能够与阿里小贷的资产余额、资产增速相匹配，保证专项计划基础资产质量，为原始权益人降低融资成本。先期发行的产品也有利于投资者提高对该产品的风险认知，并具有一定的风险分散作用。

（四）基础资产的循环购买

基于阿里小贷的业务模式和特点，其小额贷款资产最长期限为

1年，并且大部分贷款具有可提前还款、按日计息的特征。为了提高专项计划整体收益率，专项计划采用了循环购买基础资产的模式，即每日用归集的基础资产回收款购买新的基础资产，保证在专项计划存续期内绝大多数资金能够通过持有的小额贷款资产获得相应的利息收入，从而提高专项计划的总体收益，更好地保障专项计划优先级和次优先级资产支持证券的到期偿付。

（五）风险控制措施

东证资管—阿里巴巴专项资产管理计划的业务风险主要为基础资产即小额贷款资产的信用风险、利率风险、现金流预测风险等，在项目的交易结构设计和后续的计划管理环节中，设置了以下几个方面的措施和要求来控制相关风险。

1. 原始权益人对借款人进行严格审核。借款人经营业务在阿里巴巴、淘宝和支付宝平台上开展，阿里小贷能够对借款人实际经营状况、真实的现金流状况进行实时的监控，从源头上遏制信用风险的产生。

2. 严格按照资产选择标准受让小额贷款资产。基础资产必须权属完整、明晰，借款人信用记录良好，专项计划所受让的基础资产必须达到高度的分散性和一定的收益率。

3. 采用内部分层和外部补充支付两种增信模式。根据不同的风险、收益特征，专项计划的资产支持证券分为优先级资产支持证券、次优先级资产支持证券和次级资产支持证券，次级资产支持证券的本金及收益最后获得偿付，为优先级和次优先级本金及收益提供安全垫；担保及补充支付承诺人提供一定比例的有限额度担保及补充支付。

4. 对专项计划所受让的资产包进行实时监控。设置相应的预警线，超过预警线后调整基础资产准入标准或停止再投资于同类资产。若存续期内的专项计划基础资产风险数据过高，管理人将暂停发行后续专项计划。

5. 提高投资者适当性管理要求。保障投资者具有相应的风险承受能力，优先级资产支持证券认购起点为人民币500万元，次优级资产支持证券认购起点为人民币2 000万元，面向机构投资者发行，转让环节提高投资者单笔成交申报的最低数量至5万份（每份面额100元）。

3.6.2 案例评述

就实际效果而言，东证资管—阿里巴巴专项计划不仅是对服务小微企业的小额贷款模式的创新和突破，其意义将超越贷款业务本身，为小微企业，特别是电子商务类小微企业发展起到积极促进作用，为证券公司发展互联网金融提供了一种较为可行的思路。

首先，东证资管—阿里巴巴专项计划是对电子商务类小微企业融资的行业解决方案的有益探索。根据阿里小贷估计，东证资管—阿里巴巴1号至10号专项资产管理计划，将募集20亿~50亿元的资金，可以服务至少50万家电子商务类小微企业。阿里小贷仅为其持有的次级资产支持证券部分承担风险，相对于银行吸收存款、同业拆借等刚性融资方式而言，有十分明显的差异。随着该专项计划运作进入正轨，东证资管—阿里巴巴专项计划将有可能成为电子商务类小微企业融资的行业解决方案，成为电子商务小微企业融资的"东证—阿里"模式。

其次，东证资管—阿里巴巴专项计划的推出和运作将促进小微企业的规范经营。阿里小贷利用数据化的运作模式解决小微企业融资需求将成为趋势，这不仅具备执行的基础，也能将众多小微企业在网络平台上积累的信用发挥社会价值，引导小微企业重视经营信用，促进企业合法守信经营。东证资管—阿里巴巴专项计划的推出将帮助阿里小贷覆盖更多的小微企业，在更大范围内促进小微企业的规范经营，改变小微企业信用低、不规范的固有印象，具有良好的社会效果。

再次，东证资管—阿里巴巴专项计划不仅惠及小微企业，也将实现多方共赢。通过东证资管—阿里巴巴专项计划，不仅为阿里小贷提供了长效融资解决方案，也有利于管理人、托管人等获得稳定的管理、托管费收入。该专项计划在创设过程中，始终将风险控制放在首位，并且从多个方面进行了改进和创新，有效实现风险可控前提下的多方共赢。

最后，东证资管—阿里小贷专项计划的推出将进一步推动对互联网金融的创新。东证资管—阿里小贷专项计划依托于互联网平台，通过互联网信用评价等进行征信，通过网上支付手段（支付宝）进行资金划付，服务于电子商务类商户，是将互联网金融优势充分发挥的一次有益尝试。

值得重视的是，在东证资管—阿里巴巴专项计划的设计和形成过程中，管理人、托管人、原始权益人以及会计、律师都发现或者遇到了一些问题，在解决问题的过程中也遇到了一些困难和阻碍。在基础资产的购买和循环购买方面，由于小额贷款金额小、数量多，东证资管—阿里巴巴专项计划采用程序化、自动化的方式进行资产的审核和转让，这必然可能存在由于数据失真，甚至是一物二卖带来的风险，也对基础资产数据的准确性和规范性提出了很高的要求。

在资金运营和监管方面，东证资管—阿里巴巴专项计划引入支付宝账户进行资产转让交易和资产回收款的归集，利用其便利性，更好地适应基于电子商务平台进行小微企业贷款的特性。但在此种模式下，商业银行作为专项计划的托管银行，在托管职责上不可避免地会有一定的缺失，可能由于第三方支付平台和原始权益人之间的关系导致利益冲突，进而带来风险，如何解决该问题值得进一步研究，管理人、托管人、投资者、原始权益人直接的相互独立和制衡是此类业务长远发展的基石。

■ 思考题

1. 珠海高速公路ABS项目对我国资产证券化的发展有哪些借鉴意义？试分析国内高速公路PPP项目资产证券化还存在哪些问题？

2. 分析东证资管—阿里巴巴专项计划交易结构有何特点？

3. 分析以上案例在资产证券化过程中采取了哪些风险防控措施？应如何进一步健全和完善相关法律监管？

4. 从招商创融—招商蛇口长租公寓项目和东证资管—阿里巴巴专项计划两个案例看，资产证券化对我国租房市场和互联网金融行业带来哪些积极的影响？

第 4 章

项目融资

本章学习目标

1. 掌握项目融资的基本特征、当事人和业务流程
2. 了解项目融资存在的主要风险
3. 掌握项目融资的投资结构、融资结构模式、项目担保选择技巧

4.1 概述

项目融资与传统融资方式不同,它不是以项目发起方本身的信用和资产作为担保来获得贷款,而是依赖于项目未来的现金流量和项目本身的资产价值作为偿还债务的资金来源。由于项目融资借入的资金是一种无追索权或有限追索权的贷款,对融资方而言,通过项目融资获取巨额资金的同时,可以有效地把风险控制在该项目资产运营的范围内,从而达到一举两得的效果。

由于项目融资的上述优点,这种新型的融资方式持续活跃于国际资本市场,成为大型基础设施建设及资源开发建设项目的主要融资方式之一。在项目融资中,投资银行主要是充当融资顾问的角色。项目融资能否成功,融资顾问至关重要。在我国,用项目融资方式筹集资金已有了近20年的历史,然而成功的并不多,这与我国投资银行未能充分发挥其在项目融资中的作用不无关系。因此对于我国投资银行而言,发展项目融资顾问业务任重而道远。

4.1.1 项目融资的基本特征

项目融资的基本特征主要包括以下几点。

一、项目导向

项目融资主要依赖于项目的现金流量和资产,而不是依赖于项目的投资者或发起人的资信来安排融资。在项目融资中,贷款者的注意力主要放在项目在贷款期间能够产生多少现金流量用于偿还贷款上,因为贷款的数量、融资成本的高低以及融资结构的设计都与项目的预期现金流量和资产价值直接联系在一起。

由于项目导向,有些难以借到资金的投资者可以利用项目来安排,有些很难满足担保条件的投资者也可以通过组织项目融资来实现。进一步而言,由于项目导向,项目融资的贷款期限可以根据项目的具体需要和项目的经济生命周期合理安排设计,可以比一般商业贷款期限长,例如有的项目贷款期限可以长达20年之久。

二、有限追索

追索是指在借款人未按期偿还债务时,贷款人要求以抵押资产以外的其他资产偿还债务的行为。对于传统形式的融资,贷款人为项目借款人提供的是完全追索形式的贷款,即贷款人更主要依赖的是借款人自身的资信情况,而不是项目本身。但在项目融资中,项目借款人对项目所承担的责任是有限的。贷款人只在贷款的特定阶段(如项目的建设初期和试生产期),在一定的范围内对项目借款人实行追索。除此之外,无论项目出现任何问题,贷款人均不能追索到项目借款人除该项目资产、现金流量以及所承担义务之外的任何资产。有限追索的实质是当项目本身不能保证在最坏情况下的贷款偿还,即不能支持一个完全"无追索"的形式时,需要项目的借款人在项目的特定阶段提供一定形式的信用支持。

三、表外融资

项目融资中的债务可以安排不列入项目发起方(项目投资人或实际借款人)的公司资产负债表中。项目融资中项目的发起人为项目的筹资专门成立项目公司,贷款人把资金直接带给该项目公司,而不是项目发起人。而在合并财务报表时,对于控制其资产50%以下的公司的负债,总公司一般不列入其资产负债表中。这样,项目发起人可以通过对项目公司拥有的50%以下股份的方式,将融资安排成一种不需要进入项目发起人资产负债表的贷款形式。

需要指出，项目的债务虽然可以安排不列在项目发起人的资产负债表上，但必须在资产负债表的附注中加以说明。因为项目融资的目的不是为了隐瞒项目发起方的责任，而是为了把项目的信贷风险单独划出，让参与项目有关各方共同分担。

四、风险分担

为了实现项目融资的有限追索，对与项目有关的各种风险要素，需要以某种形式在项目投资者（借款人）、与项目开发有直接或间接利益关系的其他参与者和贷款人之间进行分担。对一个成功的项目融资而言，项目任何一方都不会单独承担起全部项目债务的风险责任。因此，在组织项目融资的过程中，项目借款人应该学会如何去识别和分析项目的各种风险因素，确定自己、贷款人以及其他参与者所能承受风险的最大能力及可能性，充分利用与项目有关的一切可以利用的优势，最后设计出对投资者具有最低追索权的融资结构。

一般来说，风险分担是通过出具各种保证书或作出承诺来实现的。保证书是项目融资的生命线，因为项目公司的负债率都很高，保证书可以把财务风险转移到一个或多个对项目有兴趣但又不想直接参与经营或直接提供资金的第三方。

保证人主要有两类：业主保证人和第三方保证人。当项目公司是某个公司的子公司时，由于项目公司的母公司是业主，故贷款方一般要求母公司提供保证书。当项目公司没有母公司或母公司及发起方其他成员不想充当保证人时，可以请它们以外的第三方充当保证人。可以充当保证人的第三方主要有五类：材料或设备供应商、销售商、项目建成后的产品或服务的用户、承包商和对项目感兴趣的政府机构。

五、融资成本较高

与传统的融资方式相比较，项目融资存在的一个主要问题就是相对筹资成本较高，组织融资所需要的时间较长。项目融资涉及面广，结构复杂，需要做好有关风险分担、税收结构、资产抵押等一系列技术性工作，筹资文件比一般公司融资要多出几倍，需要几十个甚至上百个法律文件才能解决问题，这就使得组织项目融资花费的时间更长。项目融资的大量前期工作和有限追索性质，导致了融资的成本要比传统融资方式高。融资成本包括融资的前期费用和利息两个主要组成部分。

4.1.2 项目融资的当事人

由于项目融资的结构比较复杂，因而参与融资结构并在其中发挥不同程度重要作用的利益主体也较传统的融资方式多，概括起来，主要当事人包括：项目发起人、项目公司、贷款人、项目承建商、项目设备/原材料供应商、项目产品的购买者、融资顾问、保险公司、东道国政府。

一、项目发起人

项目发起人是项目公司的投资者，是股东，他通过组织项目融资来实现投资项目的综合目标要求。项目的发起人可以是一个公司，也可以是许多与项目有关的公司（如承建商、供应商、项目产品的购买方或使用方）构成的企业集团，还可以是对项目没有直接利益的实体（如交通设施项目中的土地所有者和房地产商等）。一般来说，发起人往往都是项目公司的母公司。

二、项目公司

项目公司通常是项目发起人为了项目的建设而建立的经营实体，它可以是一个独立的公司、合资企业或者合伙制企业，也可以是一个信托机构。除项目发起人投入的股本金之外，项目公司主要靠借款来进行融资。

三、贷款人

贷款人主要有商业银行、国际金融组织、保险公司、非金融机构（如租赁公司、财务公司、某种类型的投资基金）和一些国家政府的出口信贷机构。在一个项目融资中,贷款人可以是简单的一两家商业银行,也可以是由十几家组成的国际银团,还可以是众多的项目债券持有人。贷款人的参与数目主要由贷款的规模和项目的风险两个因素来决定。

四、项目承建商

项目承建商通常会与项目公司签订固定价格的总价承包合同,负责项目工程的设计和建设。对于大项目,承建商也可以另签合同,把自己的工作分包给分包商。项目承建商的实力和以往的经营历史记录,可以在很大程度上影响项目融资的贷款银行对项目建设期风险的判断。

五、项目设备、原材料供应者

项目设备供应者通过延期付款或者优惠出口信贷的安排,可以构成项目资金的一个重要来源。项目原材料生产者在一定条件下愿意以长期的优惠条件为项目供应原材料,以保证其长期稳定的市场,这有助于减少项目初期乃至项目经营期间的许多不确定因素,从而为安排项目融资提供了有利条件。

六、项目产品的购买者

项目产品的购买者在项目融资中发挥相当重要的作用,购买合同是融资信用保证的关键部分之一。

项目产品的购买者通过与项目公司签订长期购买合同(特别是具有"无论提货与否均需付款"和"提货与付款"性质的合同),保证了项目的市场和现金流量,为投资者对项目的贷款提供了重要的信用保证。项目产品的购买者作为项目融资的一个参与者,可以直接参加融资谈判,确定项目产品的最小承购数量和价格公式。

七、融资顾问

项目融资的组织安排工作需要由具有专门技能的人才来完成,而绝大多数的项目投资者都缺乏这方面的经验和资源，故需要聘请专业融资顾问。融资顾问在项目融资中扮演着一个极其重要的角色，在某种程度上可以说是决定项目融资能否成功的关键。融资顾问通常由投资银行、财务公司或者商业银行中的项目融资部门来担任。

八、保险公司

在对借款人或项目发起人的追索权有限的情况下，项目的一个重要的安全保证就是用保险权益来做担保。因而，必要的保险是项目融资的一个重要方面。由于项目规模很大，存在遭受各种各样损失的可能性，这使得项目发起人与保险代理人和承包商建立起紧密联系，以便正确地确认和抵消风险。

九、东道国政府

东道国政府在项目融资中的角色虽然是间接的，但很重要。在宏观方面，政府可以为项目提供一种良好的投资环境。在微观方面，政府可以为项目的开发提供土地、良好的基础设施、长期稳定的能源供应以及经营特许权。此外，政府还可以为项目提供条件优惠的出口信贷和其他类型的贷款和贷款担保，促进项目融资的完成。

4.1.3 项目融资在我国的发展现状

20世纪80年代，我国在大型投资项目中引入了项目融资这种方式，如深圳沙角B电厂采用了类似BOT的建设方式，标志着我国利用项目融资方式的开始。

出于加快能源、交通、通信等基础设施建设，改变过去基础设施建设单纯依靠国家财政投资的传统做法的考虑，政府在制订"八五"计划（1991—1995年）时，国家计委首次正式提出了运用BOT方式加快基础工业发展和基础设施建设方面的新思路。1996年，"九五"计划（1996—2000年）再次把基础设施建设作为我国社会经济发展的重点之一。此后，我国在"十五"计划（2001—2005年）期间进一步加速城市化的进程，加大了对城市基础设施的投资。在此基础上，"十一五"（2006—2010年）、"十二五"（2011—2015年）的发展规划又将城镇化建设放在了重要的位置。重大项目的巨大投入完全依靠政府的公共财政是难以实现的，必须广开融资渠道，在这方面项目融资能够发挥巨大的作用。

为了使我国的项目融资尽快走上正轨，并按照国际管理进行运作，国家对外贸易经济合作部于1994年发布了《关于以BOT方式吸收外商投资有关问题的通知》，国家发展计划委员会也于1997年4月发布了《境外进行项目融资管理暂行办法》，连同以前公布的《指导外商投资方向暂行规定》（1995年）和《外商投资产业指导目录》一起，基本构成了中国BOT项目融资的法律框架。2005年国务院颁布《关于鼓励支持和引导个体私营等非公有制经济发展的若干意见》，提出"要加快完善政府特许经营制度，规范招投标行为，支持非公有资本积极参与城镇供水、供气、供热、公共交通、污水垃圾处理等市政公共事业和基础设施的投资、建设和运营"。建设部也相继颁布了一系列诸如污水处理、供水、供热等特许经营协议示范文本，使BOT项目在特许经营协议谈判方面有所依据。此外，《中华人民共和国商业银行法》《中华人民共和国招标投标法》《中华人民共和国信托法》等法律的颁布，都为开展项目融资提供了必要的法律保障。

项目融资从20世纪60年代产生到现在，已发展成一种独立的融资方式，是大型工程项目筹措资金的一种新形式。作为一种特殊的融资方式，从严格意义来说，它不应与对外借款、对外发行股票、对外发行债券、引进外国直接投资这四种方式并列，因为在实践中，项目融资可以采取这四种方式中的任何一种来实现。它们的不同之处主要在于融资观念的改变，前四种方式主要是以国家和企业为融资主体进行的，而项目融资的融资主体是项目公司。项目融资无追索权和有追索权的安排，可以在分散风险的基础上筹集大规模资金，主要应用在能源开发、基础设施和制造业等工业上。

进入20世纪90年代，我国出现了更多以类似BOT的方式进行建设的项目，如上海黄浦江延安东路隧道复线工程、广州至深圳高速公路、上海大场水处理厂、海南东线高速公路、三亚凤凰机场、重庆地铁、深圳地铁、北京京通高速公路、广西来宾B电厂、长沙电厂、成都自来水厂等。这些项目虽然都采用BOT模式进行建设，但只有重庆地铁、深圳地铁、北京京通高速公路等项目被国家正式认定为采用BOT模式的基础设施项目；广西来宾B电厂BOT项目是经国家批准的第一个BOT试点项目，经过各方多年的努力，该项目已取得了全面的成功，被国际上很有影响力的金融杂志评为最佳项目融资案例，在国内被誉为"来宾模式"。

4.2 深圳沙角B电厂案例[①]

4.2.1 案例背景

一、背景介绍

广东省沙角火力发电厂B处（通称深圳沙角B电厂）于1984年签署合资协议，1986年完成融资安排并动工兴建，并在1988年建成投入使用。深圳沙角B电厂的总装机容量为70万千瓦，由两台35万千瓦发电机组成。项目总投资为42亿港元（按1986年汇率计算为5.4亿美元），被认

---

① 百度文库. 项目融资案例[EB/OL]. (2019-4-22) [2019-7-26]. https://wenku.baidu.com/view/fd6648b34531b90d6c85ec3a87c24028905f854e.html.

为是中国最早的一个有限追索的项目融资案例,也是事实上在中国第一次使用BOT融资概念兴建的基础设施项目。深圳沙角B电厂的融资安排,是我国企业在国际市场举借外债开始走向成熟的一个标志。在亚洲发展中国家中,尽管有许多国家不断提出采用BOT融资模式兴建基础设施,其中包括土耳其总理奥扎尔在1984年首次提出这一构想在内,但是在实际应用中却都因为各种问题无法解决而搁浅。截至1991年,真正成功采用BOT模式兴建的电厂只有两家——中国的深圳沙角B电厂和菲律宾马尼拉拿渥它(Navotas)电厂。

二、项目融资结构

(一)深圳沙角B电厂的投资结构

深圳沙角B电厂采用中外合作经营方式兴建(见图4-1)。合作经营是我国改革开放前期经常采用的一种中外合资形式。合资中方为深圳特区电力开发公司(A方),合资外方是一家在香港注册专门为该项目成立的公司——合和电力(中国)有限公司(B方)。项目合作期为10年。在合作期内,B方负责安排提供项目全部的外汇资金,组织项目建设,并且负责经营电厂10年(合作期)。作为回报,B方获得在扣除项目经营成本、煤炭成本和支付给A方的管理费之后百分之百的项目收益。合作期满时,B方将深圳沙角B电厂的资产所有权和控制权无偿地转让给A方,退出该项目。在合作期间,A方主要承担的义务包括:

1. 提供项目使用的土地、工厂的操作人员,以及为项目安排优惠的税收政策;

2. 为项目提供一个具有"供货或付款"(Supply of Pay)性质的煤炭供应协议;

3. 为项目提供一个具有"提货与付款"(Take and Pay)性质的电力购买协议;

4. 为B方提供一个具有"资金缺额担保"性质的贷款协议，同意在一定的条件下，如果项目支出大于收入则为B方提供一定数额的贷款。

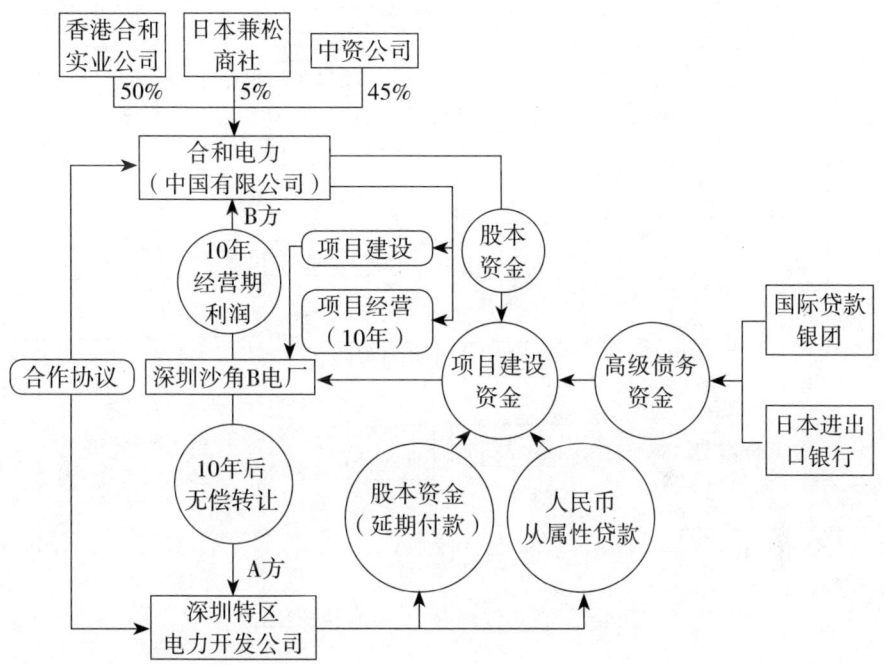

图4-1　深圳沙角B电厂项目的投资结构和资金结构

（二）深圳沙角B电厂的融资模式

深圳沙角B电厂的资金结构包括股本资金、从属性贷款和项目贷款三种形式，其具体的资金构成为（以1986年汇率换算为美元）：（1）股本资金，股本资金/股东从属性贷款3 850万美元，人民币延期贷款1 670万美元；（2）债务资金：A方的人民币贷款9 240万美元，固定利率日元出口信贷26 140万美元，欧洲日元贷款5 560万美元，欧洲贷款7 500万美元，资金总计53 960万美元。

根据合资协议安排，在深圳沙角B电厂项目中，除以上人民币资金之外的全部外汇资金安排由B方负责，项目合资B方——合和电力（中国）有限公司利用项目合资A方提供的信用保证，为项目安排了一个有限追索的项目融资结构（见图4-2）。

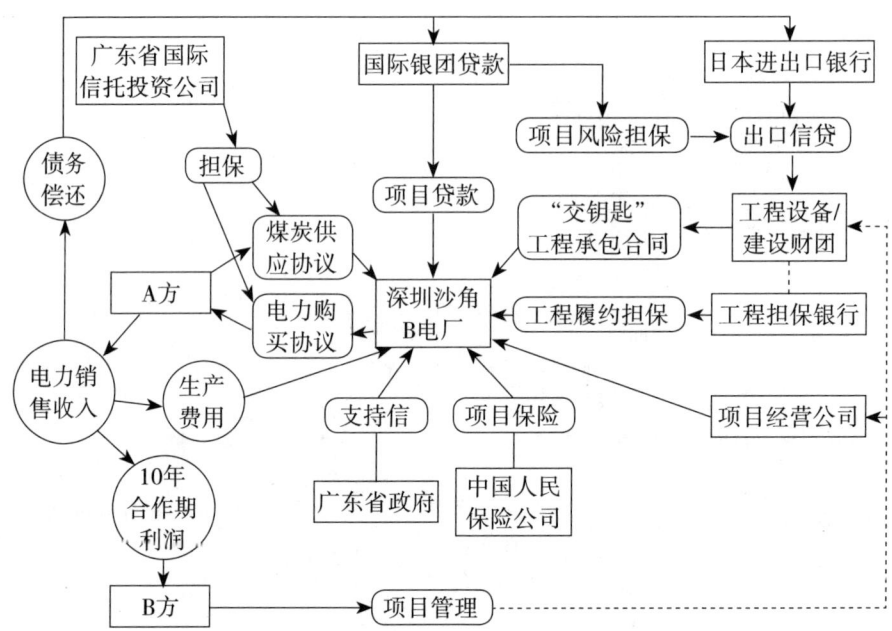

图 4-2　深圳沙角 B 电厂项目融资结构

在融资结构中，首先，B方与以三井公司等几个主要日本公司组成的电厂设备供应和工程承包财团谈判获得了一个固定价格的"交钥匙"工程承包合同。这个财团在一个固定日期（1988年4月1日）和一个"交钥匙"工程承包合同的基础上，负责项目的设计、建设和试运行，并且同意为在试运行和初期生产阶段提供技术操作人员。通过这种方式，项目的一个主要风险即完工风险被成功地从项目投资者身上转移出去了。其次，融资结构使用了日本政府进出口银行的出口信贷作为债务资金的主要来源，用以支持日本公司在项目中的设备出口。但是，日本进出口银行并不承担项目的风险，一个由大约五十家银行组成的国际贷款银团为日本进出口银行提供了一个项目风险担保，并且为项目提供欧洲日元贷款和港币贷款。再次，A方对项目的主要承诺（即对B方的承诺）是电力购买协议和煤炭供应协议，以及广东省国际信托投资公司对A方承诺的担保。B方在安排项目融资时将两个协议的权益以及有关担保转让给项目融资的贷款银团，作为项目融资结构的主要信用保证。最后，在A方与B方之间，对于项目现金流量中的外汇问题也做了适当的安排。在合作期间，项目的电力销售收入的50%支付人民币，50%支付外汇。人民币收入部分用以支付项目煤炭的购买成本以及人民币形式发生的项目经营费用，外汇收入部分支付以外汇形式发生的项目经营费用，包括项目贷款债务偿还和支付B方的利润。A方承担项目经营费用以及外汇贷款债务偿还和支付B方的利润。A方承担项目经营费用以及外汇贷款债务偿还部分的全部汇率风险，但是，对于B方的利润收入部分汇率风险则由双方共同分担，30%由A方承担，70%由B方承担。

（三）融资模式中的信用保证结构

项目的信用保证结构由以下几个部分组成：

1. A方的电力购买协议。这是一个具有"提货与付款"性质的协议，规定A方在项目生产期间按照事先规定的价格从项目中购买一个确定的最低数量的发电量，从而排除了项目的主要市场风险。

2. A方的煤炭供应协议。这是一个具有"供货与付款"性质的合同，规定A方负责按照一个固定的价格提供项目发电所需的全部煤炭，这个安排实际上排除了项目的能源价格及供应风险以及大部分的生产成本超支风险。

3. 广东省国际信托投资公司为A方的电力购买协议和煤炭供应协议所提供的担保。

4. 广东省政府为上述三项安排所出具的支持信。虽然支持信并不具备法律约束力，但是一个有信誉的机构出具的支持信，作为一种意向性担保，在项目融资安排中具有相当的分量。

5. 设备供应及工程承包财团所提供的"交钥匙"工程建设合约，以及为其提供担保的银行所安排的履约担保，构成了项目的完工担保，排除了项目融资贷款银团对项目完工风险的顾虑。

6. 中国人民保险公司安排的项目保险。项目保险是电站项目融资中不可缺少的一个组成部分，这种保险通常包括对出现资产损害、机械设备故障，以及相应发生的损失的保险，在有些情况下也包括对项目不能按期投产的保险。

以上6点可以清楚地勾画出深圳沙角B电厂项目的种种风险要素是如何在与项目建设有关的各个方面之间进行分配的，这种项目风险的分担是一个成功的项目融资所不可缺少的条件。

4.2.2 案例评述

深圳沙角B电厂项目的建设和融资安排是我国第一个利用有限追索的融资方式进行基础设施项目资金安排的成功实例，也是我国第一个（同时是世界上最早的几个项目之一）事实上按照BOT模式概念组织起来的项目融资。所谓事实上的BOT融资模式，是指从形式上深圳沙角B电厂项目的建设和融资并不是依靠政府特许权合约为基础组织起来的，而是合资双方（A方和B方）根据合作协议以及几个商业合约为基础组织起来的。但是，事实上，由于合资A方和广东省国际信托投资公司的政府背景，以及广东省政府的支持，项目的合作协议以及其商业合约具备了明显政府特许权合约的性质。

从1993年下半年开始，采用BOT模式集资建设基础设施项目，引进国外先进技术和管理经验成为我国基础设施项目开发的一个热点。然而，怎样才能有效地为电厂项目安排一个BOT项目融资呢？通过对深圳沙角B电厂项目的合资结构以及融资结构的分析，可以归纳总结出以下几点：

一是作为BOT模式中的建设、经营一方（在我国现阶段有较大一部分为国外投资者），必须是一个有电力工业背景，具有一定资金力量，并且能够被银行等金融界接受的公司。

二是项目必须要有一个具有法律保障的电力购买合约作为支持，这个协议需要具有"提货与付款"或者"无论提货与否均需付款"的性质，按照一个事先规定的价格从项目购买一定数量的发电量，以保证项目可以创造出足够的现金流量来满足项目贷款银行的要求。

三是项目必须要有一个长期的燃料供应协议。从项目贷款银行的角度，如果燃料是进口的，通常会要求有关当局对外汇支付做出相应安排；如果燃料是由项目所在地政府部门或商业机构负责供应或安排，则通常会要求政府对燃料供应做出具有"供货或付款"性质的承诺。

四是与项目有关的政府批准，包括有关外汇资金、外汇利润汇出、汇率风险等一系列问题，必须在项目动工之前，得到批准和做出相应的安排，否则很难吸引银行加入项目融资的贷款银团行列。有时，在BOT融资期间贷款银团还可能会要求对项目现金流量和外汇资金的直接控制。

4.3 中信公司在澳大利亚波特兰铝厂项目中的融资实例[①]

4.3.1 案例背景

一、背景介绍

波特兰铝厂位于澳大利亚维多利亚州的港口城市波特兰，始建于1981年，后因国际市场铝价大幅下跌和电力供应等问题，于1982年停建。在与

---

① 百度文库. 项目融资案例[EB/OL]. (2019-4-22) [2019-7-26]. https://wenku.baidu.com/view/fd6648b34531b90d6c85ec3a87c24028905f854e.html.

维多利亚州政府达成30年电力供应协议之后,波特兰铝厂于1984年重新开始建设。1986年11月投入试生产,1988年9月全面建成投产。

波特兰铝厂由电解铝生产线、阳极生产、铝锭浇铸、原材料输送及存储系统、电力系统等几个主要部分组成,其中核心的铝电解部分采用的是美国铝业公司20世纪80年代的先进技术,建有两条生产线,整个生产过程采用电子计算机严格控制,每年可生产铝锭30万吨,是目前世界上技术先进、规模最大的现代化铝厂之一。

1985年6月,美国铝业澳大利亚公司(以下简称美铝澳公司)与中国国际信托投资公司(以下简称中信公司)接触,邀请中信公司投资波特兰铝厂。经过一年的投资论证、可行性研究、收购谈判、项目融资等阶段的紧张工作,中信公司在1986年8月成功地投资于波特兰铝厂,持有项目10%的资产,每年可获得3万吨铝锭。与此同时,成立了中信澳大利亚有限公司(以下简称中信澳公司),代表总公司管理项目的投资、生产、融资、财务和销售,承担总公司在合资项目中的经济责任。

波特兰铝厂投资是当时中国在海外最大的工业投资项目。中信公司在决策项目投资的过程中,采取了积极、慎重、稳妥的方针,大胆采用了当时在我国还未采用过的国际上先进的有限追索杠杆租赁的项目融资模式,为项目的成功奠定了坚实的基础。

二、项目融资结构

(一)波特兰铝厂的投资结构

波特兰铝厂采用的是非公司型合资形式的投资结构。这个结构是在中信公司决定参与之前就已经由当时的项目投资者谈判建立起来了。因而,对于中信公司来讲,在决定是否投资时,没有决策投资结构的可能,所能做的只是在已有的结构基础上尽量加以优化:第一,确认参与该投资结构是否可以实现中信公司的投资战略目标;第二,在许可的范围内,就合资协议的有关条款加以谈判以争取较为有利的参与条件。

1986年中信公司参与波特兰铝厂之后,项目的投资结构组成为:

美铝澳公司	45%
维多利亚州政府	35%
第一国民资源信托基金	10%
中信澳公司	10%

1992年,维多利亚州政府将其在波特兰铝厂中10%的资产出售给日本丸红公司,投资结构又发生了变化。

图4-3是波特兰铝厂的投资结构和管理结构示意图。波特兰铝厂的项目投资者在合资协议的基础上组成了非公司型的投资结构,组成由四方代表参加的项目管理委员会作为波特兰铝厂的最高管理决策机构,负责项目的建设、生产、资本支出和生产经营预算等一系列重大决策,同时通过项目管理协议委任美铝澳公司的一个全资拥有的单一目的项目公司——波特兰铝厂管理公司作为项目经理负责日常生产经营活动。

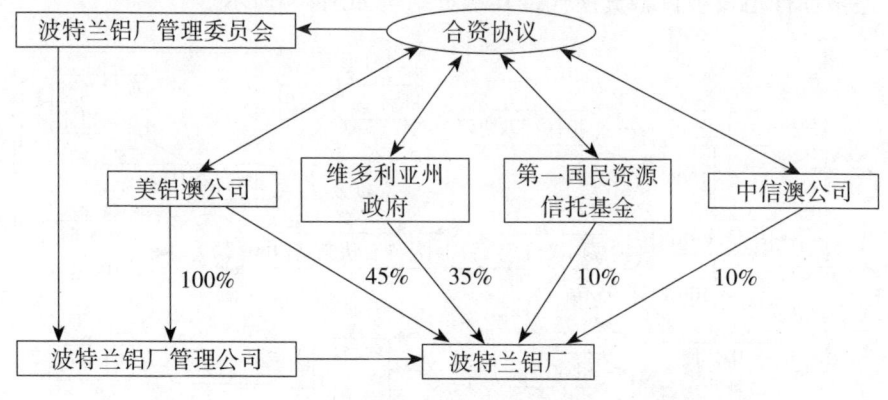

图4-3 波特兰铝厂的投资结构和管理结构(1986年)

非公司型合资结构的特点在波特兰铝厂的投资结构中均有所体现。其主要特点有:

1. 波特兰铝厂的资产根据投资比例由项目投资者直接拥有,铝厂本身不是一个法人实体。投资各方单独安排自己的项目建设和生产所需资金。这种资产所有形式为中信公司在安排项目融资时直接提供项目资产作为贷款抵押担保提供了客观上的可能性。

2. 项目投资者在支付了项目生产成本之后直接按投资比例获取项目最终产品——铝锭，并且电解铝生产的两种主要原材料——氧化铝和电力，也是由项目投资者分别与其供应商签订长期供应协议，因而每个投资者在项目中的生产成本构成是不尽相同的，所获得的利润也不一样。

3. 波特兰铝厂的产品销售由各个项目投资者直接控制和掌握。

4. 由于波特兰铝厂资产由投资者直接拥有，项目产品以及项目现金流量直接为投资者所支配，因而与一切非公司型合资结构一样，波特兰铝厂自身不是一个纳税实体。与项目有关的纳税实体分别是在项目中的投资者，各个投资者可以自行安排自己的税务结构问题。

（二）中信澳公司在波特兰铝厂中所采用的融资模式

中信澳公司在波特兰铝厂投资中所采用的是一个为期12年的有限追索杠杆租赁项目融资模式，其融资结构如图4-4所示。

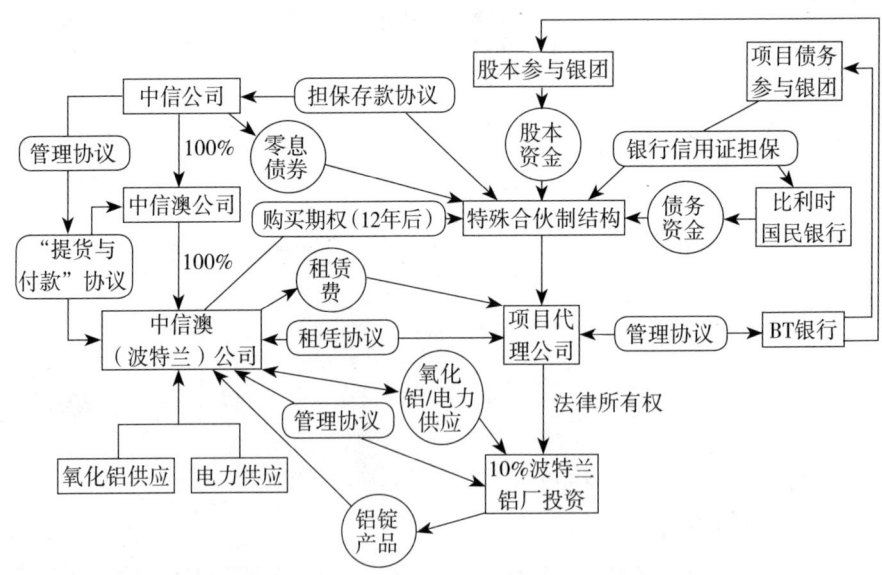

图4-4 中信公司在波特兰铝厂项目中使用的融资结构

在图4-4中的有限追索杠杆租赁融资中有四个重要的组成部分：

1. 股本参与银团

由五家澳大利亚主要银行组成的特殊合伙制结构，以及其所任命的波特兰项目代理公司。项目代理公司是杠杆租赁中的股本参与者，是10%波特兰铝厂资产的法律持有人和杠杆租赁结构的出租人。特殊合伙制是专门为波特兰项目的有限追索杠杆租赁结构组织起来的，负责为中信澳公司在波特兰铝厂项目中的10%投资提供股本资金（占项目建设资金投资的1/3）和安排债务资金。股本参与银团直接享有项目结构中来自加速折旧以及贷款利息等方面的巨额税务好处，并通过与中信澳（波特兰）公司签署的资产租赁协议（也称委托加工协议），将项目资产出租给中信澳（波特兰）公司生产电解铝。股本参与银团通过租赁费收入支付项目的资本开支、到期债务、管理费用、税收等。股本参与银团本身的投资收益来自两个部分：第一，来自项目的巨额税务亏损，通过利用合伙制结构特点吸收这些税务亏损抵免公司所得税获取；第二，吸收税务亏损的不足部分，通过租赁费形式获取。股本参与银团在波特兰项目中不直接承担任何的项目风险或者中信公司的信用风险。这些风险由项目债务参与银团以银行信用证担保的方式承担。

2. 项目债务参与银团

在波特兰项目杠杆租赁结构中，债务资金结构由两个部分组成：比利时国民银行和项目债务参与银团。全部的债务资金贷款（占项目建设资金投资的2/3）是由比利时国民银行提供的。但是，由于比利时国民银行并不承担任何的项目信用风险（全部风险由项目债务参与银团以银行信用证形式承担），所以比利时国民银行不是杠杆租赁结构中真正意义上的"债务参与者"。

比利时国民银行在融资结构中的作用是为项目提供无须交纳澳大利亚利息预提税的贷款。比利时税法允许其国家银行申请扣减在海外支付的利息预提税。因此澳大利亚利息预提税成本就可以不由项目的实际投资者和借款人——中信澳公司承担。从项目投资者的角度来看，这样的安排可以节省融资成本，尽管需要支付给比利时银行一定的手续费。

杠杆租赁结构中真正的"债务参加者"是由澳大利亚、日本、美国、欧洲等几家银行组成的贷款银团。贷款银团以银行信用证的方式为股本参与银团和比利时国民银行提供信用担保，承担全部的项目风险。

以上股本参与银团、债务参与银团以及实际提供全部项目债务资金的比利时国民银行三方组成了波特兰铝厂项目融资中具有特色的一种资金结构，为全部项目投资提供了96%的资金，基本上实现了100%融资。在这个资金结构下，对于项目投资者来说，无论是来自股本参与银团的资金投资者，还是来自比利时国民银行的项目贷款，都是项目融资中的高级债务资金，都需要承担有限追索的债务责任。但是，对于项目融资中的各方面来说，根据其资金性质又可以进一步划分为股本资金和债务资金两个组成部分，股本资金的收益主要来自投资结构中的税务收益和资本回收，而债务资金的收益主要来自利息收入。项目债务参与银团提供的银行信用证作为一种主要的融资工具第一次使用在杠杆租赁的结构中，通过信用证担保安排比利时国民银行贷款，充分利用政府对利息预提税的法规，为中信公司节约了总值几百万美元的利息预提税款。

3. 项目资产承租人

中信澳公司合资拥有的中信澳（波特兰）公司是杠杆租赁结构中的资产承租人。中信澳（波特兰）公司通过一个12年期的租赁协议，从项目代理公司（即从由股本参与银团组成的特别合伙制）手中获得10%波特兰铝厂项目资产的使用权。中信澳（波特兰）公司自行安排氧化铝购买协议、电力供应协议等关键性生产合同，使用租赁的资产生产出最终产品铝锭，并根据与其母公司——中信澳公司签署的"提货与付款"性质的产品销售协议，将铝锭销售给中信澳公司。由于项目融资的有限追索性质，中信澳（波特兰）公司的现金流量被处于融资经理人的监控之下，用来支付生产成本、租赁费等经营费用，并在满足了一定的留置基金条件下,可以用利润的形式返还给股东——中信澳公司。

在项目融资结构中,中信澳(波特兰)公司是项目投资者专门建立起来的单一目的项目子公司。根据融资安排,在12年融资期限结束时,中信澳(波特兰)公司可以通过期权安排,收购股本参与银团在项目中的资产权益,成为10%波特兰铝厂资产的法律持有人。

4. 项目融资经理人

图4-4中的美国信孚银行澳大利亚分行(Bankers Trust Australia Ltd., BT银行)在有限追索的杠杆租赁融资结构中扮演了四个方面的重要角色:第一,作为中信公司的融资顾问,负责组织了这个难度极高被誉为澳大利亚最复杂的项目融资结构;第二,在融资结构中承担了杠杆租赁经理人的角色,代表股本参与银团处理一切有关特殊合伙制结构以及项目代理的日常运作;第三,担任了项目债务参与银团的主经理人;第四,分别参与了股本参与银团和债务参与银团,承担了贷款银行的角色。

5. 融资模式中的信用保证结构

除了以上几个方面在杠杆租赁融资中发挥了重要的作用以外,由中信公司和中信澳大利亚公司联合组成的信用担保结构同样发挥着至关重要的作用。

作为一个有限追索的项目融资,项目投资者(在这里是中信公司和100%控股的中信澳公司)所承担的债务责任以及所提供的信用支持表现在三个方面:

第一,"提货与付款"形式的市场安排。中信澳公司通过与中信澳(波特兰)公司签署一项与融资期限相同的"提货与付款"形式的长期产品购买协议,保证按照国际市场价格购买中信澳(波特兰)公司生产的全部项目产品,降低了项目贷款银团的市场风险。但是,由于在1986年建立的中信澳公司与中信澳(波特兰)公司一样均为一种空壳公司,所以贷款银行要求中信公司对中信澳公司与中信澳（波特兰）公司之间的"提货与付款"协议提供担保。

第二，"项目完工担保"和"项目资金缺额担保"。中信公司在海外的一家国际一流银行中存入一笔固定金额（为项目融资总金额的10%）的美元担保存款，作为项目完工担保和资金缺额担保的准备金。在项目建设费用超支和项目现金流量出现缺额时，根据一定的程序项目融资经理人可以动用担保存款资金。但是这个担保是有限的，其限额为担保存款的本金和利息。事实上，由于项目经营良好，担保存款从来没有被动用过，并在1990年通过与银行谈判解除。

第三，中信公司在项目中的股本资金投入。中信公司以大约为项目建设总金额4%的资金购买了特殊合伙制结构发行的与融资期限相同的无担保零息债，成为中信公司在项目中的实际股本资金投入。虽然投资金额很少，但是作为项目投资者的一种实际投入，可以对贷款银团起到一种良好的心理作用。

4.3.2 案例评述

虽然中信公司投资波特兰铝厂时，该项目的投资结构早已确定下来，但是，由于该项目采用的是一种非公司型合资结构，使得中信公司在制定投资决策时单独安排项目融资成为可能。

电解铝项目资本高度密集，根据澳大利亚的有关税法规定可享有数量相当可观的减免税优惠，如固定资产加速折旧、投资扣减等。但是，在项目投资初期，中信澳公司刚刚建立，没有其他方面的经营收入，不能充分利用每年可得到的减税优惠和税务亏损；即使每年未使用的税务亏损可以向以后年份引起结转，但从货币时间价值的角度考虑，这些减税优惠和税务亏损如能尽早利用，也可以提高项目投资者的投资效益；进一步，如果能够利用减税优惠和税务亏损偿还债务，还可以减少项目前期的现金流量负担，提高项目的经济强度和抗风险能力。从这一考虑出发，中信公司选择了杠杆租赁的融资模式，充分利用这种模式可以吸收减税优惠和税务亏损的特点，减少了项目的直接债务负担，提高了投资的综合经济效益。

本项目融资结构复杂，为修改融资结构以及后期的重新融资带来许多不便因素。杠杆租赁融资结构由于大量使用与转让减税优惠和税务亏损，结构设计除了要在各贷款银行之间取得一致意见之外，还需要得到税务部门的批准。融资结构一旦确定下来之后，任何涉及结构性的调整，也需要得到大多数银行以及税务部门的重新审核。这一过程交易成本很高，因而这种复杂的融资结构多数情况下只适用于大型或超大型项目的融资实践。

4.4 欧洲迪斯尼乐园项目融资[①]

4.4.1 案例背景

一、背景介绍

欧洲迪斯尼乐园位于法国首都巴黎的郊区，筹划于20世纪80年代后期，是一个广受关注同时又备受争议的项目。一方面，美国文化与欧洲文化传统的冲突，使得这个项目经常成为新闻媒体跟踪的目标；另一方面，不时传出来的有关项目经营出现困难的消息也在国际金融界广受关注。

从项目融资的角度来看，欧洲迪斯尼乐园项目具有非常大的创造

---

① 百度文库. 项目融资案例[EB/OL]. (2019-4-22) [2019-7-26]. https://wenku.baidu.com/view/fd6648b34531b90d6c85ec3a87c24028905f854e.html.

性和典型意义。首先，欧洲迪斯尼乐园完全不同于传统的项目融资工作的领域，即资源型和能源型工业项目、大型基础设施项目等，其项目边界以及项目经济强度的确定要比工业和基础设施项目复杂得多，因而其融资结构走出传统的项目融资模式也成为必然的发展结果；其次，作为项目的发起人美国迪斯尼公司，欧洲迪斯尼乐园项目融资是一个非常成功的结构，这不仅体现在美国迪斯尼公司只用了很少的自有资金就完成了这项复杂工程的投资和融资（以项目第一期工程为例，总投资为149亿法郎，按当时汇率折合23.84亿美元，美国迪斯尼公司只出资21.04亿法郎，仅占总投资的14.12%），而且表现在该公司对项目的完全控制权上，这在一般的项目融资结构中是较难做到的，因为贷款银行总是要求对项目具有一定的控制能力。

二、项目融资结构

（一）欧洲迪斯尼乐园项目的投资结构

1987年3月，美国迪斯尼公司与法国政府签署了一项原则协议，在法国巴黎的郊区兴建欧洲迪斯尼乐园。法国东方汇理银行被任命为项目融资的财务顾问，负责项目的投资结构和融资结构的设计和组织工作。美国迪斯尼公司对结构设计提出了三个具体要求：

1. 融资结构必须保证可以筹集到项目所需资金；
2. 项目的资金成本必然低于"市场平均成本"；
3. 项目发起人必须获得高于"市场平均水平"的经营自主权。

对美国迪斯尼公司的第一个目标要求，法国东方汇理银行从开始就不认为是一个重要问题。然而，其第二个和第三个目标要求，则是对项目融资结构设计的一个重大挑战。首先，欧洲迪斯尼乐园项目是一个极为复杂的工程，其开发时间前后长达20年，在一个2 000公顷的土地上不仅要建设迪斯尼乐园，而且还要开发饭店、办公楼、小区式公寓住宅、高尔夫球场、度假村等设施，与传统的项目融资结构不同，它没有一个清楚的项目边界的界定（如项目产品、生产和原材料供应），并且与项目开发有关的各种参数、变量也是相对广义而非具体的，在这种条件下要实现低于"市场平均成本"的项目融资，无论是从融资结构的复杂性还是从成本控制的角度，其难度是可以想象的。其次，由于在美国迪斯尼公司与法国政府签署的原则协议中规定欧洲迪斯尼项目的多数股权必须掌握在欧洲共同体居民手中，这样限制了美国迪斯尼公司在项目中的股本资金投入比例，同时也增加了实现其要求获得高于"市场平均成本"的经营自主权目标的难度。

法国东方汇理银行通过建立项目现金流量模型，以20年期的欧洲迪斯尼乐园及其周边相关的房地产项目开发作为输入变量，以项目税收、利息成本、投资者收益等为输出变量，对项目开发作了详细的现金流量分析和风险分析。在大量方案筛选、比较的基础上，最后确定出建议美国迪斯尼公司使用的项目投资结构。

欧洲迪斯尼项目的投资结构由两个部分组成（见图4-5）：欧洲迪斯尼财务公司（Euro Disneyland SNC）和欧洲迪斯尼经营公司（Euro Disneyland SCA）。

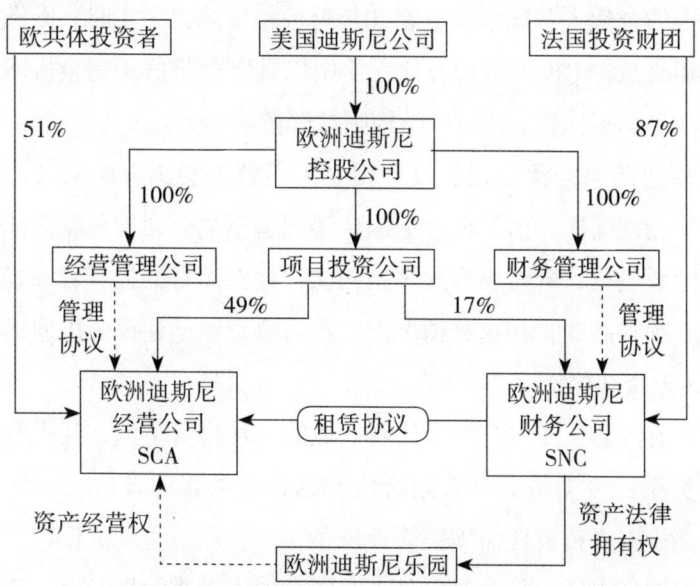

图4-5 欧洲迪士尼乐园项目的投资结构

欧洲迪斯尼财务公司的设计是为了有效地利用项目的税务优势。欧洲迪斯尼项目，与所有利用项目融资方式安排资金的大型工程项目一样，由于其初期的巨额投资所带来的高额利息成本，以及由于资产折旧、投资优惠等所形成的税务亏损无法在短期内在项目内部有效地消化掉；更进一步，由于这些高额折旧和利息成本的存在，项目也无法在早期形成会计利润，从而也就无法形成对外部投资者的吸引力。

为了有效地利用这些税务亏损，降低项目的综合资金成本，在欧洲迪斯尼项目的投资结构中部分地使用了类似杠杆租赁融资结构的税务租赁模式。欧洲迪斯尼财务公司所使用的SNC结构，是一种近似于我们在项目投资结构中所介绍的普通合伙制结构。SNC结构中的投资者（合伙人）能够直接分享其投资比例的项目税务亏损（或利润），与其他来源的收入合并纳税。在项目融资结构中，欧洲迪斯尼财务公司将拥有迪斯尼乐园的资产，并以一个20年期的杠杆租赁协议将其资产租赁给欧洲迪斯尼经营公司。根据预测，在项目的前10年中，由于利息成本和资产折旧等原因项目将产生高额的税务亏损，而这些税务亏损将由SNC投资结构中的合伙人共同承担。在20年财务租赁协议中止时，欧洲迪斯尼经营公司将从SNC投资结构合伙人手中以其账面价值（完全折旧后的价值）把项目购买回来，而SNC结构则被解散。

欧洲迪斯尼经营公司的设计则是为了解决美国迪斯尼公司对项目的绝对控股权问题。由于前述原因，美国迪斯尼公司被限制只能在项目中占有少数股权，同时项目融资结构又往往对项目的投资者和经营者有种种的限制和制约，在这种情况下，项目融资顾问建议美国迪斯尼公司选择SCA投资结构。

SCA结构是一种与有限合伙制近似的一种投资结构，其投资者被分为两种类型：一类是具有有限合伙制结构中的普通合伙人性质的投资者，这类投资者负责任命项目管理班子，承担项目管理责任，同时在项目中承担无限责任；另一类是具有有限合伙人性质的投资者，这类投资者在项目中只承担与其投资金额相等的有限责任,但是不能直接参与项目管理,即在没有普通合伙人同意的前提下无权罢免项目管理班子。从图4-5中可以看出,由于美国迪斯尼公司是SCA结构中唯一的普通合伙人,尽管在欧洲迪斯尼公司中只占有少数股权,但也完全地控制着项目的管理权。

同时,SCA结构还具备一种有限合伙制所没有的特点,即具备在证券市场通过发行股票方式筹资的能力。通过项目直接上市筹集资金,不仅成为欧洲迪斯尼项目融资结构中主要的股本资金来源,而且也成为这个融资结构的一个重要特征。

(二)欧洲迪斯尼项目的融资模式

欧洲迪斯尼项目的第一期工程(即迪斯尼乐园主体工程)耗资149亿法郎,其融资结构和资金构成分别如图4-6和表4-1所示。

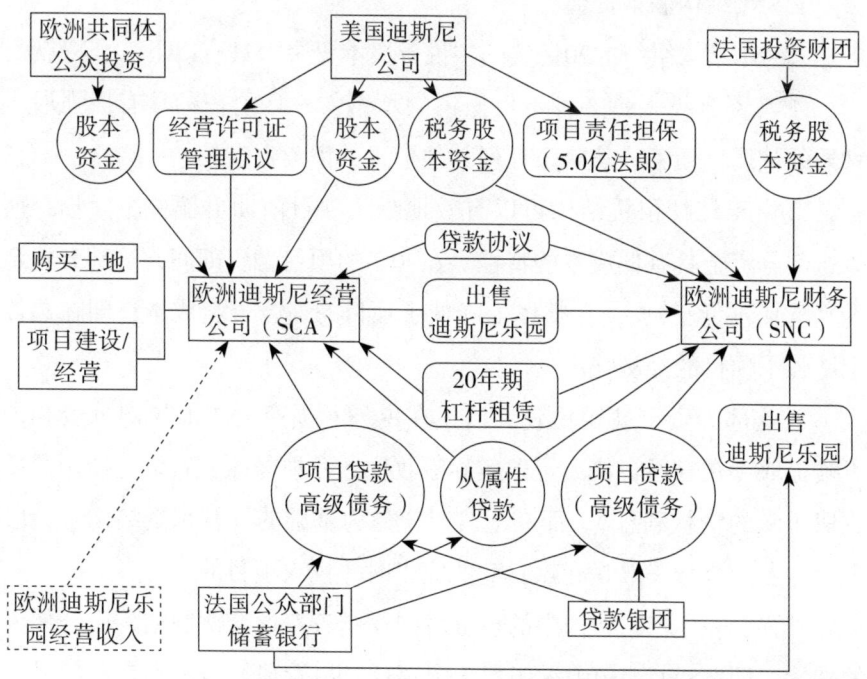

图 4-6　欧洲迪士尼乐园项目融资结构

表 4-1　欧洲迪士尼项目一期工程的资金结构　　　　　　　单位：百万法郎

资金构成	百分比	SNC结构资金	SCA结构资金	总资金
股本资金	38%			
SNC结构的税务股本资金		2 000		2 000
SCA结构的股本资金			3 600	3 600
SCA结构对SNC结构的贷款		1 000	-1 000	
从属性债务	19%			
法国公众部门储蓄银行		1 800	1 080	2 880
高级债务	43%			
辛迪加银团贷款		4 219	281	4 500
法国公众部门储蓄银行		1 200	720	1 920
总计	100%	10 219	4 681	14 900
		69%	31%	100%

从表4-1中可以看出项目资金是由四个部分组成的：

1. SNC结构股本资金

以SNC结构组织的20亿法郎"税务股本资金"具有以下三个特点：

①其资金投入是一种不可撤销的承诺，并且是一种具有极强股本性质的从属性债务，从属于任何其他形式的债务资金。

②由于杠杆租赁结构可以有效地吸收项目前期巨额税务亏损，所以这部分资金具有低成本的特性。在20年的项目融资期间，这部分资金的平均成本低于7%，在整体上降低了项目的综合资金成本，即在总体上增强了项目的经济强度。

③这部分资金使用比较灵活，在税务亏损产生之前这部分资金即可被提取（在普通合伙人可以实际吸收税务亏损之前，其资金使用需要收取正常的贷款利息），而在通常以税务为基础的杠杆租赁结构中，股本参加者的资金一般是在项目商业完工时才投入项目的。

然而，由于SNC结构中的投资者同样具有普通合伙制结构中合伙人的特性，即在SNC结构中承担着无限责任，尽管他们根本不参与项目的任何管理，SNC结构投资者也同样面临着一定的潜在项目风险。这些风险来自两个方面：银行债务风险（在项目第一期工程中SNC结构的高级债务和从属性债务就高达72亿法郎）和项目责任风险（由原则协议继承下来）。为了吸引以税务利益为主要目的的投资者参加SNC结构，在融资结构设计上作了以下两方面的安排：第一，对于银行债务风险，通过在SNC结构与贷款银团之间的无追索贷款协议，以银行放弃对普通合伙人法律责任的追索权利的方式解决；第二，对于项目责任风险，则以安排由美国迪斯尼公司出具一个担保上限为5.0亿法郎的针对原则协议中主要项目责任的有限担保来解决。

2. SCA结构股本资金

在SCA结构下的股本资金中的大部分（51%）是通过在证券市场上公开发行股票筹集的，其余49%的股本资金则是由美国迪斯尼公司投资。尽管欧洲迪斯尼项目结构复杂，但是股票发行却获得超额认购，取得成功，说明在当时资本市场上这个项目是很受欢迎的。

3. 从属性债务

项目第一期工程中的28亿法郎从属性债务是由法国公众部门储蓄银行提供的，是项目开发原则协议的一个组成部分。这部分资金的成本是很优惠的，同时，法国公众部门储蓄银行也为项目提供一部分高级债务。

4. 项目贷款——高级债务

占项目第一期工程总资金需求量43%的项目贷款，是一种无追索的高级债务，由一个项目贷款银团和法国公众部门储蓄银行两个部分组成。

欧洲迪斯尼项目融资结构通过以上四部分资金的安排和组合，实现了两个重要的目标：第一，提高了项目的经济强度。从贷款银行的角度来看，项目第一期工程所需要的149亿法郎资金中有将近60%的比例是股本资金和准股本资金，从而在很大程度上降低了项目的债务负担；第二，由于项目经济强度的增强，实现了一个资金成本节约的正循环，即SNC结构税务股本资金以及法国公众部门储蓄银行贷款的低成本，增强了项目的债务承受能力，从而使得项目有可能获得条件优惠低成本的银团贷款；而总体的低债务资金成本又可以帮助项目在市场上筹集大量的股本资金；股本资金的增加又进一步降低项目的债务资金比例。

4.4.2 案例评述

作为项目发起人，从美国迪斯尼公司的角度来看，欧洲迪斯尼项目的融资安排是一个完整的有限追索项目融资结构，并且美国迪斯尼公司所投入的股本资金在项目第一期工程全部资金中只占有14.16%的比例。欧洲迪斯尼项目融资开创了一个先例，即在非传统项目融资领域如何利用公众资金以及如何利用项目的部分内存价值（如税务亏损）来安排结构复杂的项目融资，而这样的融资结构往往单独依赖于项目发起人的公司资信或资产负债表是无法组织起来的。这一案例说明，项目的投资结构设计在实现项目投资者目标要求的过程中，以及在项目整体融资结构设计的过程中可以起到关键性的作用，这些作用有时是通过其他方式可能达不到的。

近年来，采用欧洲迪斯尼项目概念的项目融资结构正在西方工业国家的一些大型工程项目和基础设施项目中获得重视和运用。例如，1996年上半年，在澳大利亚就同时有两个大型工程项目，即悉尼2000年奥林匹克体育场和墨尔本市区高速公路网项目采用了类似的投资结构和融资概念。这两个项目均使用一种信托基金结构来拥有项目资产，吸收项目前期的巨额税务亏损，并将项目资产以长期的财务租赁形式租给项目的经营公司。同时，项目经营公司将在澳大利亚股票交易所上市。采用这种有限追索项目贷款、税务股本资金和公众股本资金三者相结合的方式，可以发挥欧洲迪斯尼项目融资结构的同样作用，即增强项目的经济强度，同时项目发起人只需要投入有限的资金。这种项目融资结构的使用对于项目生命期长、前期资本量大、前期税务亏损额高的非生产型项目（如基础设施项目、公益设施项目）的开发有着一定的普遍意义。

4.5 泉州刺桐大桥项目融资[①]

4.5.1 案例背景

一、背景介绍

刺桐大桥位于福州至厦门的324国道上，其建设规模为福建省特大型公路桥梁之一，被列为福建省的重点建设项目。它横跨晋江，全长1 530米，宽27米，匝道2 400米，主桥型为连续钢架预应力桥，全桥并列6车道，桥下可通行500吨胖体海轮。总投资2.5亿元，是我国首例民营经济以BOT模式建成的，1995年5月18日正式开工，1996年11月18日竣工试通车，仅18个月，比计划工期提前一年半。

1994年初，泉州市政府为解决市内塞车和过桥困难，决定投资新建一座跨江大桥——泉州刺桐大桥，由于政府建设资金紧张，打算引进外资，前来洽谈的几家外商，因提出的条件苛刻，引资未能成功，建桥暂时搁置起来。泉州地处闽东南地区，改革开放以来，作为著名的侨乡，民营经济发展迅速，为民营企业参与政府大型项目建设提供了资金上的可能。

刺桐大桥BOT项目融资打破了我国的传统模式，创造了以少量的国有资金引导国内民间资金投入基础设施建设的经验，也对BOT融资模式在我国的运作作了一次有益的尝试。

二、项目融资结构

（一）刺桐大桥的投资结构

刺桐大桥的建设采用的是公司型合资结构，四家公司（其中一家民

[①] 百度文库. 项目融资案例[EB/OL]. (2019-4-22) [2019-7-26]. https://wenku.baidu.com/view/fd6648b34531b90d6c85ec3a87c24028905f854e.html.

营公司和三家国有企业）于1994年5月28日以60%：15%：15%：10%的比例出资注册成立泉州刺桐大桥投资开发有限公司，公司具有独立的企业法人资格，依法独立承担民事责任。项目投资者在合资协议的基础上组成了四方代表参加的最高管理决策机构董事会，董事会拥有成员七名，名额按出资比例分配，名流实业股份有限公司占了四席。董事会负责项目的建设、资本注入、生产预算的审批和经营管理等一系列重大决策，其投资结构如图4-7所示。

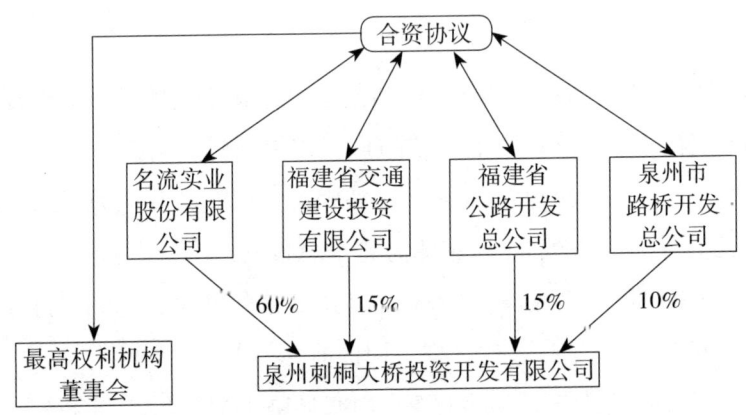

图 4-7 刺洞大桥项目的投资结构和管理机构

公司型合资结构的基础是有限责任公司，是目前世界上最简单有效的一种投资结构，其显著特点是公司是与其投资者（公司股东）完全分离的独立法律实体，在刺桐大桥的投资结构中采用了公司型合资结构，其优点表现为：

1. 有限责任。应用项目融资，投资者目的之一是将债务责任最大限度地限制在项目之内，而公司合资结构便满足了这点，投资者的责任是有限的。在项目实施过程中，将投资项目的风险与投资者隔离开来，四方投资者只需承担自己出资比例的那部分风险，这样一来，即使项目失败，投资者受到的损失也是有限的，因为他的债务被限制在项目公司中。

2. 融资安排比较容易和灵活。采用公司型合资结构对于安排融资有两个有利的方面：一是便于贷款银行对项目现金流量的控制，银行可以通过公司比较容易行使自己的权力；二是公司型合资结构易于被资本市场接受。若条件许可，可以直接进入资本市场通过股票上市、发行债券等方式筹集资金，这将为大桥投资开发公司的进一步发展奠定良好的基础。

（二）刺桐大桥的融资模式

刺桐大桥的资金结构包括股本资金和债务资金两种形式，项目的融资结构如图4-8所示。

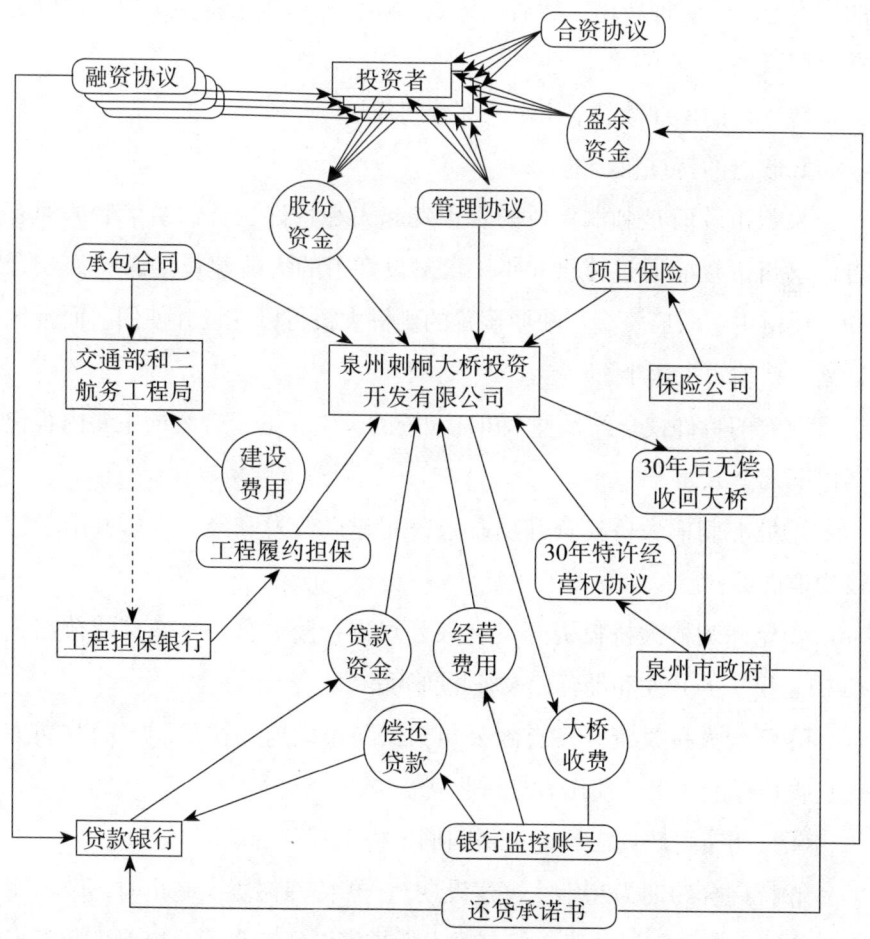

图 4-8　刺洞大桥融资结构示意图

项目的四个直接投资者在BOT模式中所选择的融资模式是由项目投资者直接安排项目融资，并且项目投资者直接承担起融资安排中相应的责任和义务，这是一种比较简单的项目融资模式。四方投资者根据60∶15∶15∶10的比例出资注册资金6 000万元一次性到位，其中名流公司3 600万元，其他三家公司2 400万元，用于大桥的建设。资金不足部分由四方投资者分别筹措，根据工程进度分批注入，大桥运营后的收入所得根据与贷款银行之间的现金流量管理协议进入贷款银行监控账户，并按照资金使用优先顺序的原则进行分配，即先支付工程照常运行所发生的资本开支、管理费用，然后按计划偿还债务，盈余资金按投资比例进行分配。

该项目的BOT融资结构由三部分组成。

1. 政府的特许权合约

泉州市政府是刺桐大桥的真正发起人和特许权合约结束后的拥有者，泉州市政府通过提供30年（含建设期）的大桥建设经营特许权合约，使得由于政府资金短缺而搁置的刺桐大桥得以建设并使用，而且比计划工期缩短一年半。

政府的特许权合约是整个BOT融资的关键，这个合约的主要内容包括以下几个方面：

①批准刺桐大桥投资开发有限公司建设开发和经营大桥，给予建设用地许可；

②允许刺桐大桥投资开发有限公司进行附属公路（南接线公路，长2.3公里）的开发和经营以及征地许可；

③刺桐大桥投资开发有限公司根据与市政府的协议制定的收费方式及收费标准对大桥使用者进行收费；

④泉州市财政局出具《泉州刺桐大桥工程还贷承诺书》；

⑤特许合约期为30年（含建设期），在特许权协议终止时，政府将无偿收回大桥及附属公路，但刺桐大桥投资开发有限公司应保证政府得

到的是一个正常运转并保养良好的工程。

2. 项目的投资者和经营者

项目的投资者和经营者是BOT模式的主体,刺桐大桥项目中,投资者由名流实业股份有限公司(民营企业)和省市政府授权投资的三家国有企业(福建省交通建设投资有限公司、福建省公路开发总公司和泉州路桥建设开发总公司)按6:4的比例组成投资实体,即大桥的经营者与建设者——刺桐大桥投资开发有限公司,大桥在30年内的建设和经营管理由该公司承担。

3. 银行贷款

贷款的条件除取决于项目本身的经济强度之外,在BOT模式中,很大程度上依赖于政府为项目所提供的支持和特许权合约。

刺桐大桥项目安排了一个有限追索的项目融资结构,其原因是该项目有一个强有力的信用保证结构。在大桥总投资的2.5亿元中,名流公司投入近1.5亿元,其中自有资金3 600万元,从银行贷款1.2亿元,偿还期为5~8年。

(三)刺桐大桥的信用保证结构

1. 政府的支持与担保,为项目建设提供了良好的投资环境,提高了项目的经济强度和可融资性。

2. 泉州市财政局出具的《泉州刺桐大桥工程还贷承诺书》。

3. 刺桐大桥投资开发有限公司对项目投保——建筑工程一切险(包括第三方责任险),将建设期间可能发生的意外损失与风险转移给保险公司承担。

4. 大桥采用了严格的招投标竞争机制,聘请铁道部大桥建设监理公司担当监理,中标的交通部第二航务工程局承担施工,工程承包公司向刺桐大桥投资开发有限公司递交工程履约担保,把施工期间的完工风险转移给了承包公司。

通过这个信用保证结构,可以清楚地知道,刺桐大桥项目的种种风险要素在与项目建设有关的各个参与者之间进行分配，实现了项目风险的分担，这正是一个成功项目融资不可缺少的条件。

4.5.2 案例评述

本案例启示如下：

一是采用BOT模式给政府和项目投资者以及社会等方面均带来了很大的利益。从政府的角度来看，由于采用了BOT模式，可以使原无力投资的大桥建成并投入使用，解决了市内塞车和过桥困难，并且节约大量的政府建设资金，在30年（含建设期）特许权合约结束后可以无偿回收这座大桥。从投资者的角度来看，BOT模式的收入十分可观。其一，大桥运行几年来，收益稳定，每天都有七八万元进账，根据预测，等到连线公路完工，目前的收益将翻一番；其二，由于采用公司型合资结构，大桥股票预计近期上市，届时可募集2亿元左右的股本资金；其三，大桥形成了2.5亿元的固定资产，可以用来进行资产抵押或资产置换，快速实现刺桐大桥投资开发有限公司经营的规模化。

二是股本资金的投入，使项目的投资者和经营者承担直接责任和风险，形成一种激励机制。随着大桥项目的立项，市政府规定："该项目必须在本文下发之日起三年内建成投入运行，如不能如期完成工程建设，由市政府授权机构收购续建，收购价原则上按当时已完成并经确认的投资额计算。"促使项目公司及其投资者对工程实施严格管理，项目公司与施工单位签订了严格奖惩的工期协议，使进度比原定工期提前一年半，创造了良好效益。

三是在BOT模式中，投资者合资组成的刺桐大桥投资开发有限公司兼有大桥的主要承建者和使用经营者的双重身份，因而对工程质量一丝不苟，在工程招标、材料采购、质量监理等方面严格把关，杜绝营私舞弊现象，创造了高质、高效的建设速度。

四是刺桐大桥融资模式突破了我国传统的投资模式，将民间资金引入基础设施建设，这种模式有专家戏称为"国产BOT"。无论怎样，在如今的中国，民营经济的整体实力在今天成为不亚于外商投资的另一个重要投资来源，刺桐大桥的这次尝试是成功和有益的。

五是名流实业股份有限公司是福建省首家以民间资金为主的规范化股份制企业，是由泉州地区15家具有较强经济实力、较大社会影响的乡镇企业、民营企业共同发起，65家乡镇、民营企业走向联合的产物。名流公司的成立为民营企业参与政府大型项目建设提供了组织上的可能，同时也为民营企业走向联合发展、规模性经营探出了一条路子。刺桐大桥的成功，尽管在国内是首次尝试，但是为投资体制改革注入了活力。

■ 思考题

1. 中信公司在澳大利亚波特兰铝厂项目中的融资存在哪些风险？
2. 欧洲迪斯尼乐园项目融资结构中的项目资金安排有何特点？
3. BOT模式给泉州刺桐大桥项目融资带来哪些好处？试述BOT项目融资模式的主要内容。
4. 通过阅读以上案例，试述项目融资的一般程序。

第 5 章

风险投资

本章学习目标

1. 熟悉风险投资的运作流程
2. 了解风险投资在我国的发展现状
3. 了解风险投资的谈判技巧

5.1 概述

风险投资（Venture Capital，VC）是指投资人将风险资本投向刚刚成立或快速成长的未上市的创业企业，特别是高新技术企业，在承担巨大风险的基础上，为融资人提供长期股权投资和增值服务，培育企业快速成长，数年后再通过上市、兼并或其他股权转让方式撤出投资，取得高额投资回报的一种投资方式。

在技术的产业化过程中，资本是不可缺少的条件。美国、欧洲和日本等国家和地区的高技术产业发展的经验表明，风险投资的发展和高技术产业水平具有高度的相关性，风险投资是高技术产业的"孵化器"，是一国经济发展的"助推器"。

5.1.1 风险投资的运作流程

具体而言，从风险投资的投入到退出，一般要经历如下阶段：筹集风险资金，建立风险投资公司或者风险投资基金；选择投资项目；项目评估；谈判并达成投资协议；投入资本并进行经营、监督、辅导，以求资本收益最大化；成功后实施退出（见图5-1）。

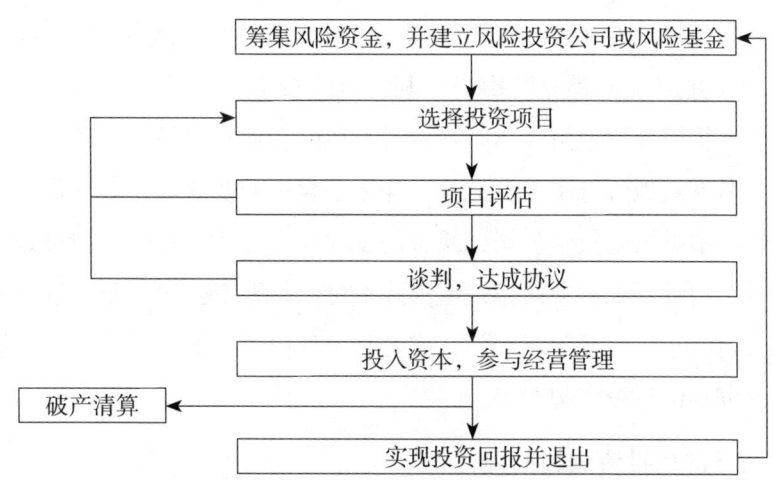

图 5-1　风险投资的运作流程

一、筹集资本，建立风险投资公司或基金阶段

对于风险投资的筹集资本而言，一般风险资本市场的资本供给者包括养老金、慈善机构捐赠基金、富裕家庭和个人、银行以及其他非银行金融机构等。可是，由于不同国家的经济和文化环境不同，风险资本的主要来源渠道也存在着很大差异。20世纪70年代末，美国政府修改法规，允许养老基金等机构基金进入风险投资领域，从而导致养老基金成为风险投资的最大投资者，其次是基金会、银行和保险基金。富有的家庭和个人也提供一部分风险资本。相对而言，在德国和日本风险投资的资金来源中，由于都限制养老基金进行风险投资，银行资金占了很大的比重，这与德国的全能银行体制和日本的主办银行体制有很大关系。

风险投资不同于一般投资，它是智力与资本高度结合的产物，投资对象主要是高新技术产业，需要承担投资项目的技术研发和市场开拓的巨大风险，其高风险性决定了它并不是任何投资者都可以随便介入操作的，并且由于这些资金自身各个方面原因的限制，不可能过多地直接从事风险投资。因此，设立由专业风险投资专家管理的风险投资基金或公司成为风险投资运作中的关键环节。风险投资基金从一方或多方投资者募集资金，由专业人员经营管理，选择适当的风险企业或项目进行风险投资，并向投资者分发投资本利。风险投资基金的设立具有两个优点：一是能够较好地解决风险投资者与风险企业家之间的信息不对称问题；二是有效地降低了经营成本，保证了投资的营利性，减少了投资的风险性。根据风险投资公司或基金的发起设立方式，有公募和私募风险投资基金两种形式；在法律组织形式上可以是上市公司、非上市公司、集团公司的子公司或附属部门，或者是一种协议，如美国盛行的有限合伙协议以及信托投资契约等。

二、选择投资项目阶段

选择投资项目是指风险投资公司在大量的风险企业或项目中，筛选出部分有发展前景的项目进行尽职调查与评估，主要工作是取得投资方案、进行筛选和评估，一般涉及三个阶段。

第一阶段：项目收集，即风险投资公司接受和收集风险企业的提案或投资申请书。

第二阶段：商业计划书的初步筛选，即对商业计划书进行浏览以判断是否进入下一阶段，风险投资公司一般根据其所在风险基金的投资原则，对商业计划书进行简单浏览来判断其是否违背基本原则，一般主要考虑其所处行业、投资规模、发展阶段和地理位置。

第三阶段：商业计划书的一般筛选，即对商业计划书进行细致的阅读，以判断是否进入具体项目的评估阶段。在这个阶段，风险投资公司会对商业计划书进行详细的阅读，以判断是否值得投资，而商业计划书的表述、内容和信息量是主要的评阅指标。

商业计划书的初步筛选与一般筛选阶段的核心内容与目标，都是从众多的申请提案中筛选出符合风险基金投资原则的项目提案。两个阶段的核心内容、目标、对象均一致，只是后者更详细一点。

风险投资公司筛选项目时，首先要考虑投资项目所处的行业领域，其市场、技术情况是否与自己的投资原则一致。一般情况下，风险投资公司筛选时通常只考虑自己熟悉的领域。因为只有对投资的风险企业所处的行业有深刻的认识和理解，风险投资公司才能充分利用自己的丰富经验和良好的网络关系，为企业在技术、市场与管理等方面提供增值服务，才能更好地规避技术与市场风险，取得预期的投资收益。其次，风险投资公司根据不同的偏好，选择处于不同阶段的风险企业或项目，这是因为投资于风险企业的不同发展阶段，其投资风险不同，收益也不同。再次，选择合适的投资规模。就一般风险基金而言，其投资规模是有上限和下限约束的。任何一家风险投资公司既不会把所有风险资本集中在少数几个风险企业上，也不会把资本分散于大量规模过小的风险企业之中。在管理费用与投资风险的权衡中，风险投资公司通常会根据其风险资本的规模大小及风险偏好确定一个适合自身的投资规模。最后，风险投资公司对风险企业的筛选与评估，主要依赖商业计划书，因此要求商业计划书表述清晰，内容真实，信息充足，分析全面，包括合理周详的目标与战略等。一般要求商业计划书中的信息包括经济、社会、法律等环境的分析，风险企业所知行业的分析、竞争分析、需求分析、产品市场定位分析、财务分析等，以及企业发展目标、战略规划等内容。

三、项目评估阶段

风险投资能够选择合适的投资机会所依托的就是对风险投资企业或项目的评估与分析，因此风险投资的评估与分析是决定风险投资运作成功与否的关键一环。评估阶段是风险投资公司对筛选通过的方案进行详细分析的阶段，并且决定是否投资。评估内容分为两个方面：一是评估风险企业的总体预期风险和收益，包括评估风险企业或者项目的盈利能力、产品与技术特征、市场特征、竞争对手的威胁、抗御风险的能力等；二是评估风险投资公司能得到的收益，包括进一步评估风险企业的投资规模，并对风险企业或项目进行投资估价，从而得出风险投资的预期收益。具体实施包括如下内容。

首先,与风险企业的管理人员会谈,考察风险企业、咨询专家、顾客、市场中介等,获取相关信息,得出评估结论。通常认为风险企业的管理人员的影响十分巨大,因此在风险投资公司决定对风险企业进行投资以前,应当重点评估风险企业管理人员的各种能力,如经营管理能力、市场营销能力、财务管理能力、风险预期能力、产品与技术创新能力等,目的是考察这些人员的能力对风险企业未来发展的影响,并由此做出相应的投资决策选择。

其次,评估风险企业的产品与技术能力。风险投资公司会全面了解有关企业的核心技术、风险、产品功能特性,也就是对产品和技术的市场运作的可能性进行全面详尽的分析。任何一个投资项目或者产品都必须要有足够的市场规模、市场竞争力与顾客需求潜力,才可能维持企业的生存与发展。

再次,对风险企业的财务状况与投资规划进行评估。评估企业的财务状况、当前的股东结构、未来财务计划的合理性、申请投资金额的合理性、项目的市场价值、回收年限与投资报酬的实现可能性等。

最后,对风险企业的估价。在风险投资领域,这也是最为棘手的问题之一。因为这个估价关系到风险投资公司投资所得到的权益以及未来的投资收益。解决这个问题一般分为三步。第一步,对风险企业或者项目、管理队伍以及未来的发展前景进行信息采集;第二步,利用这些信息评估投资风险和预期收益,并进一步估计未来的自由现金流;第三步,运用一种或几种估价方法,并结合风险、收益、现金流来计算风险企业的价值。

四、谈判并签署投资协议阶段

风险投资公司经过评估阶段后,如果认为一个投资项目具有投资价值,便开始转入谈判阶段。通过与被投资的风险企业进行实质性谈判,共同协商投资方式、投资条件、双方的权利义务以及退出方式等,最后形成有法律效力的合同文件。在本阶段,工作的重点主要集中在三个方面。

首先是风险投资的安排及保障方式。包括对风险投资在风险企业中股权形式、价格、数量和股权保障方式做出协商。股权形式影响投资公司日后的投资风险，价格与数量也与日后的风险报酬相关。有时投资公司为降低投资风险，会要求企业提供抵押品保证等。同时风险投资公司为降低风险，保障股权，防止股权稀释和资本结构发生变动，通常会在协议书上明确股权保障方式。其次是资金投放与撤回的时机与方式。包括对风险投资资金的回收年限、出售所持股份的时机、风险企业股票公开上市的时机与方式、风险企业无法达到预期财务目标时所应承担的责任等进行谈判。最后是参与经营管理的方式。包括对风险投资公司在风险企业中所承担的责任义务、参与决策以及协助经营管理的范围与程度加以确认，以及对风险企业的管理人员和日常经营的监督事项确认等。

五、参与经营管理阶段

风险投资作为一种资金与管理相结合的投资，具有很强的"参与性"。这一点与普通投资公司在投资后通常不干预企业经营管理的做法有所不同。风险投资公司和风险企业在签订投资协议以后一般都保持紧密的联系，积极参与风险企业的经营决策。通过审核财务报表和经营报告，定期访问企业，担任企业董事会成员，对企业进行监控，以便及时发现问题解决问题。这种参与性原因有二：其一，投资的对象都是高收益高风险的项目，为了控制风险，确保收益，需要积极参与企业管理，随时监控项目的发展全过程；其二，风险企业的管理人员多数来自技术研究领域，一般熟悉产品和服务的技术性，但缺少技术商品化以及管理运作的经验，而风险投资公司拥有市场研究、生产经营、战略规划、金融投资等方面的管理经验，并且在市场上拥有广泛的信息网络，不仅可以为风险企业提供各种咨询和服务，帮助企业建立规范的管理体系，如很多风险企业的财务计划、发展目标、市场营销都是在风险投资公司的帮助下制定并实施的，必要时还可以替企业物色所需的专业管理人才。通过风险投资公司对风险企业的监管辅导，一方面减少了风险投资公司的投资风险，另一方面也降低了风险企业的经营风险，有利于激发科技人员的创业热情，有助于提高创业成功率。

六、风险资本的退出阶段

退出阶段是整个风险投资循环的完成阶段。从风险企业回收投入的资本加上投资收益，是风险投资公司资本循环周转的关键环节，其作用主要体现在以下几个方面。

首先，风险资本的退出途径是实现其投资收益的唯一途径。风险投资和普通资本市场的投资获得投资收益的方式不同：普通资本市场的投资主要通过分红派息和股价变动来获得收益；但是风险投资则一般不以企业分红为目的，而是以股份增值作为报酬。因此必然要求有一个能创造出资本大幅增值的变现方式，这就有赖于一个能顺利撤出风险资本的退出渠道。

其次，风险资本最根本的特征之一是其资本和投资活动的循环周转性。这就要求在风险企业顺利成长后，风险资本能够从中退出并进行新一轮投资。

再次，由于风险企业本身所固有的高风险，必然要求有高回报。但在风险企业进入成熟阶段后，企业的利润率会下降，风险资本也就不会获得高额回报率。因此要想获得高额回报就必须在风险企业结束高速成长前退出投资以获得期望的资本收益。因此一个畅通的退出机制将帮助风险资本获得最大程度的回报。

最后，风险投资退出机制为风险投资活动提供了一种客观的评价标准。大多数风险投资的对象是一些高新技术产业，这些产业是新思想、新技术、新产市场的集成，其价值不能通过简单的财务指标来确定，只能通过市场价值而评价，因而其投资价值最好的标准就是看风险资本退出时能否得到大幅度增值。

5.1.2 风险投资在中国的发展[①]

一、起步期（1985—1998年）——以政府直接投资为主

中国的风险投资起源于1985年，在中共中央、国务院发布的《关于科学技术体制改革的决定》中，首次提出"对于变化迅速、风险较大的高技术开发工作，可以设立创业投资机制给以支持"。同年，国务院正式批准成立了中国首家风险投资机构——中国新技术创业投资公司，其主要发起股东为国家科委（持股40%）、财政部（持股23%），注册资金约1 000万美元，主要职能是为高新技术开发进行投资或提供贷款。

1986年中国开始实施"863计划"，一些技术知识相对密集的高技术园区先后成立了具有风险投资公司性质的创业中心。1989年，国家科委、国防科工委和招商局共同出资组建中国科招高技术有限公司，对国内高新技术企业进行投资。一些地方性的创业投资机构，如广州技术创业公司、苏省高新技术创业投资公司等纷纷成立，个别境外投资基金也开始进入中国创投领域。

1991年，国家科委、财政部和中国工商银行联合发起成立"科技风险开发事业中心"。此后，各地方政府积极响应和效仿，以国家科委和财政部为主，成立了各类风险开发事业中心和风险投资公司。在整个资本市场和金融环境尚不完善的情况下，中国的创投业如雨后春笋般开始萌芽。

二、蹒跚期（1999—2005年）——多元化投资格局初步形成

20世纪90年代末，美国正经历着互联网经济的风起云涌，风险投资如火如荼，仅1996年美国就有1 500多项投资，涉及金额100亿美元。这无疑对国内风险投资业的发展起到了巨大的触动作用。1999年，国家

[①] 张俊芳，郭戎. 中国风险投资发展的演进、现状与未来展望[J]. 全球科技经济瞭望，2016，31（9）：34-43.

科技部、国家发展计划委员会、经济贸易委员会、人民银行、财政部、税务总局、证监会七部委联合出台《关于建立风险投资机制的若干意见》，全国人大常委会通过了《关于修改〈中华人民共和国公司法〉的决议》，科技部"科技型中小企业技术创新基金"正式启动。2000年5月，国务院讨论中国证监会关于设立创业板市场的请示。一系列利好政策的出台，极大地激发并活跃了国内风险投资市场，各地创投协会相继成立，截至1999年底，全国各层次的政府创业投资基金已达100多家，一些地方政府还推出了与之配套的风险投资担保基金。

然而，2000年下半年互联网泡沫的破灭令美国风险投资业受到重创，中国国内创业板市场的建设也因此被搁置，本土风险投资市场开始大幅萎缩。2002年，科技部、商务部、国家开发银行等联合启动了全国创业风险投资年度调查。经调查和统计数据发现，2000年以前，中国创投业的投资机构迅速扩张，到2000年达到顶峰，此后四年间机构增长快速回落，2003年和2004年连续两年出现了负增长，2005年创投机构重回增长态势，达到319家，管理资本为631.6亿元。这一时期，中国风险投资机构的性质也出现了多元化发展的格局，从资金来源来看，政府参股与国有独资的创投企业资金占比已从2002年的53%下降为2005年的36%。企业性质的资金占33%，外资资金占11%，银行资金占8%。

三、快速扩张期（2006—2011年）——组织模式不断创新

2006年，中国股权分置改革基本完成，中小板重新开市；《国家中长期科学和技术发展规划纲要（2006—2020）》中明确提出："探索以政府财政资金为引导，政策性金融、商业性金融资金投入为主的方式，采取积极措施，促进更多资本进入风险投资市场。"《公司法》《合伙企业法》《证券法》相继修订，极大地改善了风险投资从设立到投资、退出的全产业链环境。2009年，为应对国际金融危机，中国政府采取了一系列宏观调控手段，境内资本市场IPO重启、创业板开启，以及风险投资行业相关税收优惠政策的出台，极大地刺激了中国风险投资的发展，

中国风险投资业迎来了黄金发展期，整个创投行业在募资、投资、退出方面均出现了大幅增长。这一时期，风险投资业的组织模式日益丰富，风险投资机构之间联系的复杂程度和关联程度显著增加，主要表现为：一是创业投资机构呈现出伞形化、集团化的发展趋势，一些大型创业投资企业（集团）通过设立母子基金的方式，加大资金杠杆化率。

四、理性发展期（2012年至今）——行业发展日益规范

2012年以来，受国内外宏观经济环境影响，资本市场低迷不振，行业的快速扩张带来的隐患开始显现，业内出现深度盘整，行业发展开始放缓，投资阶段逐步前移。2014年，中国经济发展步入"新常态"，经济结构转向"调存量"与"优增量"并举，经济发展动力转向新的增长点，更加注重科技进步和改革创新。A股IPO重新开闸，多层次资本退出市场发展不断完善，再度激发了投资者的热情和信心，中国创投业进入了理性发展的扩张期。近10年的风险投资个数和风险投资金额见图5-2。可见，无论从风险投资的机构数量还是资本总量来讲，中国都已经成为名副其实的风险投资大国。

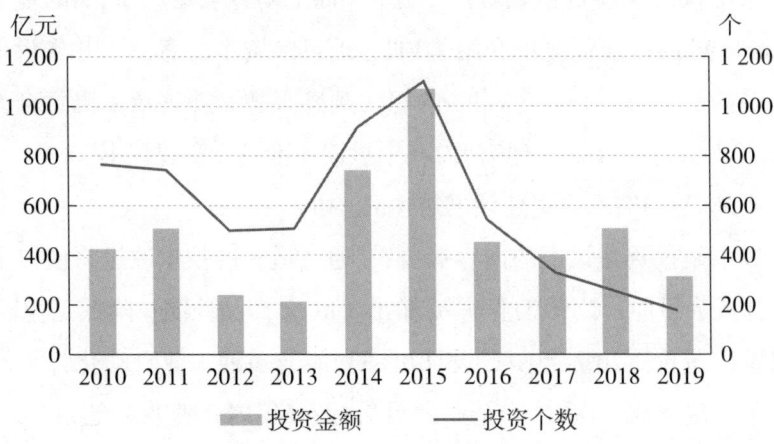

图 5-2　近十年的风险投资

（资料来源：Wind资讯）

5.2 美国TTI公司获得风险投资过程分析[①]

转换科技公司（Transition Technology Inc.，TTI）在1987开始寻求风险资本，直到212天后终于获得了3i风险投资公司等提供的300万美元风险资本。这是一个比较常规的风险投资过程，但其曲折历程也颇耐人寻味。

5.2.1 案例背景

TTI公司寻求风险投资的过程如下。

第1天：3i公司的副董事长Tom Stark曾于20世纪70年代初与Albert Libbey一同共事过。Tom从Albert处得知有一家叫TTI的新创公司正准备寻求更低的风险资本融资。于是，Tom主动打电话联系TTI的董事长Walter。Walter向Tom简单介绍了TTI寻求风险资本的意图，并告诉他预计需要的资金额。Tom对Walter的想法颇感兴趣，并表示了愿意合作的意向。Walter告诉Tom，他需要2~6个星期来准备投资建议书。

第50天：TTI的投资建议书送达3i公司。

以下是投资建议书的内容摘要："通过适宜的技术改进将使以下这些目标成为可能：改善工业输入/输出（I/O）产品性能；降低工业输入/输出系统造价达20%~40%；设计出一套能与多种工业自动化计算机配套的工业输入/输出系统。企业发展目标：5年内营业收入超过3 000万美元；税前收益达17%~20%，税后利润达8%~11%；在工业自动化计算

[①] 北大经济学院风险投资课题组. 美国TTI公司获得风险投资过程分析[J]. 科技创业月刊，2003（7）：37-39.

机输入/输出市场处于主导地位。上述目标需要大约275万美元的股东权益投资。"

第57天：在波士顿，3i在其每周例行工作会议上讨论TTI项目。Tom认为这是一个非常好的机会，应当认真考虑TTI的投资建议。与会者同意Tom的意见。接下来，Tom需要确定投资建议中哪些内容是关键之处，并需要进行大量的研究。他也开始考虑寻找其他会对TTI感兴趣的风险投资基金。

如果3i向TTI提供所需的全部资金，并采取最简单的直接的融资结构，那么3i将处于控股地位；但3i向来不愿意控制所投资的公司。而且，3i与TTI都希望组成一个小型的辛迪加，这样既可以为TTI的后续阶段融资到更多的后备资源，也可以带来更多的经验与商业联系以协助公司发展壮大。Walter继续寻找其他基金，Tom也在考虑他所认识的并能够加入此项目的其他风险投资基金。

第72天：Tom第一次参观TTI，并与其3个创建者深入地讨论该投资建议。TTI的创建者们曾一同在另外一家公司共事2年多，他们的技能也是互补的。这个3人小组可以出色地完成设计、制造与销售产品的整个流程。尽管公司仍处于初建阶段，还没有完整的实物产品可供演示，但是他们成功地演示了产品的其中一个重要部件：电波—频率链路模块。

第74天：Tom写了一份长达4页的信，描述TTI的创建者、计划产品以及营销计划，然后附上预测的资金平衡表、收入与现金流报告以及可能投资回报的计算结果，并寄给了在伦敦、英格兰、纽波特、比奇、加利福尼亚州等其他3i分支机构中熟悉工业自动化或相关领域，能够对市场、竞争与技术作出评价的其他同事。他们将凭借自己的经验与网络，协助Tom完成对TTI的调查评估。

第77天：Tom与Walter会面并讨论了融资的一些具体细节，包括：Walter需要的资金额，而不是Tom能够提供的资金额是多少；Walter在投资建议书中所列数字的可信度如何；Walter如何估价其公司；Walter

正在接触的其他投资者都有哪些人,他们的反应如何。根据Walter的回答以及其他讨论结果,Tom初步决定分阶段投资。这样有利于减少风险投资企业的初始投入,但必须保证公司有足够的资金以展示其具有制造产品的能力。

第86天:Tom与Walter再次会面,围绕着融资规模与开展公司业务所需最小资金额继续讨论。投资建议书中列明的融资总额为275万美元,但只要150万美元就足够让公司运转直到产品开发进入Beta测试阶段。同时,对公司的估价问题成为双方讨论的焦点。Walter作为所有者之一,对公司的估价较高;而Tom对TTI也有一个估价,他不愿意付出更高的代价。通过几次会晤,Tom与Walter不断地磋商交易的细节。

第94天:从伦敦与纽波特、比奇来的报告认为,TTI的产品存在一个潜在的良好市场。但是,从伦敦与英格兰来的报告却发现了该产品存在竞争者。Tom把这些情况告诉了Walter。

第109天:完成了主要交易问题的谈判之后,Tom整理出一份详细材料。首轮投资是150万美元。Tom向3i的法律顾问Ropes和Gray送去了一份投资条款清单草案和一份预想的资本结构说明书。投资条款清单是3i的初步投资承诺,其中包含了交易的关键条件。

第111天:投资条款清单送达TTI,双方很快就达成了协议。

第112天:直到目前为止,3i仍然是唯一一家对TTI继续保持兴趣的投资者。其他几家风险投资企业虽然也曾考察过TTI,但都没有产生投资的意愿。Walter有一个名叫Rube Wasserman的顾问,不断帮助他接触更多的风险投资企业。Rube曾经是Gould(一家有数十亿美元的业务多元化的公司)的一位战略投资负责人。Tom与他们共进午餐,讨论还有谁会愿意参与投资,并且该如何去做。

第113天:北大西洋创投基金(North Atlantic Venture Fund,NAVF)表示愿意投资于TTI。Tom与NAVF的一位合伙人Gregory Peters见面,讨论Gregory还需要哪些信息以开展他的调查评估工作以及他们如何确保

TTI能达到预定目标。一些关键问题包括：因为有产品竞争者的存在，是否存在足够大的市场支撑TTI按照预定的利润卖出预定数量的产品；TTI能否最终生产出产品，并在行业中保持主导地位；TTI的创建者们能否对潜在的机会或问题作出有效的反应。Tom与Gregory都有自己的一套信息源，而且重合之处不多。两人对需要集中处理的问题与信息共享达成了共识。

第115天：Tom完成了一份内部投资计划书，一共有9页文字与4个数字表格。以下是这份投资计划书的摘要内容："以每股20美元的价格购买A系列可转换优先股37 500股，3i的总投资额为75万美元，占公司份额的19.5%。每股A系列优先股可以转换为一股普通股。A系列优先股拥有正常的投票权、反稀释保障（Antidilution Protection）以及共同证券登记权利（Piggyback Registration Rights）。建议中的首轮150万美元风险资本应当足够支撑TTI完成其几件输入/输出模块以及其与IBM个人电脑和DEC Macro Vax的计算机接口的开发与推广。预计在首轮融资后的14个月左右，该公司需要第二轮融资，以应付流动资金增加的需要。首轮融资应当证明产品有足够市场接受程度与可行性。董事会通过后生效。"

第121天：Tom的投资计划书在3i董事会上得到通过，3i承诺投资，前提是有其他风险投资企业同时投入至少75万美元。

第122天：Tom送给NAVF的Gregory一份投资条款清单。

第135天：投资条款清单与调查评估记录被送往另一家风险投资企业——Hambro International Venture Fund（以下简称Hambro）。

第138天：黑色星期一——华尔街股市危机爆发。在接下来的几天里，Tom都忙于应付打来的电话。Tom所投资的许多公司都怀疑，上市公司股价的暴跌，是否意味着他们公司的估价显得过高。Walter也打来了电话，但他关心的是随着金融环境的剧烈变化，Tom是否还有能力提供约定的风险资本以及3i的承诺是否依然有效。Tom保证仍然有效。

第148天：Walter与Rube会面。虽然到目前为止，只有3i承诺提供75万美元和NAVF承诺提供40万美元，但人们似乎正逐渐对TTI产生兴趣。有10家其他投资者也在考察TTI。在金融市场一片糟糕的时候，大萧条极有可能随之而来。这样，风险资本将会变得稀缺，因此他们决定尽其所能筹集到更多的资金。

第155天：Tom与TTI的创建者们共进午餐，讨论融资进程。他们重新评估了潜在的投资者及其投资的可能性。

第161天：Tom与Rube见面，讨论为什么还是没有其他风险投资企业承诺投资这一问题的原因。是否二人的努力不足？但他们想不到做错了什么，所以决定继续接触潜在的投资者。3i既然承诺了投资，就再没有退出的余地。但在私下里，Tom不得不开始怀疑他与Gregory所共同作出的判断。

第186天：Tom向Aegis Fund Limited Partnership送去了一份投资条款清单。

第188天：突然间，投资者对TTI的兴趣又浓烈起来。在几天之内，Tom收到了2份各100万美元的初步投资承诺。目前，初步承诺的风险资本总额已经超过了300万美元。

第190天：又来了一份75万美元的初步投资承诺。

第193天：Tom继续收到了更多投资者打来的电话，表示愿意向TTI投资。

第194天：Tom与Walter讨论总共需要的风险资本额。按照原来制定的股票价格，这次融资最多只能接受300万美元。

第195天：投资者们开始协商如何把总风险资本供给额降至300万美元。

第211天：所有投资者来到Ropes和Gray处，讨论融资的细节。

第212天：TTI在这一天收集到了所有的300万美元风险资本：Aegis投资90万美元，Harmbro投资100万美元，NAVF投资40万美元，3i投资70万美元。Walter和他的伙伴们终于有足够的资金可以开展计划的业务了。

5.2.2 案例评述

根据以上背景情况，可以总结出风险投资过程的几个关键之处。

一、关于风险投资过程的几个重要步骤

风险投资企业一般化的投资决策流程主要包括以下几个环节：①搜寻投资机会。投资机会可以来源于风险投资企业自行寻找、企业家自荐或第三人推荐。②初步筛选。风险投资企业根据企业家交来的投资建议书，对项目进行初次审查，并挑选出少数感兴趣者作进一步考察。③调查评估。风险资本家会花6~8周的时间对投资建议进行十分广泛、深入和细致的调查，以检验企业家所提交材料的准确性，并发掘可能遗漏的重要信息；在从各个方面了解投资项目的同时，根据所掌握的各种情报对投资项目的管理、产品与技术、市场、财务等方面进行分析，以作出投资决定。④寻求共同出资者。风险资本家一般都会寻求其他投资者共同投资。这样，既可以增大投资总额，又能够分散风险。此外，通过辛迪加还能分享其他风险资本家在相关领域的经验，互惠互利。⑤协商谈判投资条件。一旦投融资双方对项目的关键投资条件达成共识，作为牵头投资者的风险资本家就会起草一份"投资条款清单"，向企业家作出初步投资承诺。⑥最终交易。只要事实清楚，一致同意交易条件与细节，双方就签署最终交易文件，投资生效。

二、关于风险资本家对投资项目的考察方式

风险资本家考察投资项目一般包括：①阅读投资建议书。看项目是否符合风险投资家的企业特殊标准，并初步考察项目的管理、产品、市场与商业模型等内容。②与企业家交流。重点考察项目的管理因素。③查询有关人士与参观风险企业。从侧面了解企业的客观情况，侧重检验企业家提供的信息的准确性。④技术、市场与竞争分析。主要凭借风险投资企业自己的知识经验，对项目进行非正规的市场、技术与竞争分析。⑤商业模型与融资分析。根据企业家提供的和自己掌握的有关信息对企业的成长模型、资金需求量以及融资结构等进行分析。⑥检查风险企业。主要考察企业以往的财务与法律事务。

三、关于风险资本的投入方式

风险资本家一般不会向风险企业一次投入所需资金，而是根据项目的具体情况，分阶段投入资金。每阶段都有一个阶段性目标，上一阶段目标的完成，是下一阶段融资的前提。但是，每一阶段投入的资金应当保证足够支撑企业家完成该阶段的目标。这样做既有利于投资者降低投资风险，又可对企业家形成一定的压力与动力。

四、关于辛迪加在风险投资中的作用

投资项目一般都会组建辛迪加共同投资。这对风险资本家与企业家双方都有好处。首先，这样既能够为风险企业后续阶段融资带来更多的后备资源，也可以带来更多的经验与商业联系以协助公司发展壮大。其次，对于企业家来说，由于风险资本的提供者分散了，其控制公司的余地也更大了；对于风险资本家来说，在放弃控股地位的同时，原来集中的风险也被分散了。

五、关于风险资本家与企业家的关系

在风险投资中，风险资本家与企业实际上是在共同创业。从风险资本家与企业家达成初步投资协议时开始，双方就是一种合作关系，共同计划融资方案，寻找尚缺资金，以求最终实现投资；此后双方继续紧密合作，共同的目标只有一个——让企业顺利成长并促其最终成熟，使企业家圆其创业梦，风险资本家也得以撤出投资获得高额回报。随着投资过程的逐步进展，双方关系越来越紧密。

六、关于投融资双方的目标调整

风险投资作为一种动态的投资过程与创业过程，必须要能适应金融、商业环境的变化要求。投融资双方要针对金融、商业环境的客观变化作出及时反应，适时调整自己的目标与对策。在本例中，华尔街股市暴跌之后，由于估计日后融资难度将会增大，TTI及时调整了融资目标，决定首次融资就要募集到尽可能多的资金。而对于3i来说，尽管已经计划自己投资75万美元，占总投资额的50%，但由于形势的变化，共同投资者突然增多，为了顾全各方利益，最终决定投入70万美元，只占总投资额的23%，不到四分之一。

5.3 风险投资下的巨人成长——阿里巴巴的案例分析[①]

5.3.1 案例背景

阿里巴巴集团（以下简称阿里）是以曾担任英语教师的马云为首的18人于1999年在浙江杭州创立的公司。经过20年的发展，目前阿里已经成为了中国最大的电子商务公司，其下各类产品覆盖了人们衣食住行等各个方面，极大地便捷了日常生活。

一、四轮融资过程

1. 第一轮融资。第一轮融资开始于1999年，马云团队准备创立阿里但苦于启动资金不足，于是向外融资500万美元。其通过蔡崇信

---

① 尹昱杰. 基于阿里巴巴的风险投资案例分析[J]. 西部皮革，2019，41（15）：136.

引荐，由高盛公司带头，各国一流基金企业向阿里注入了一剂"强心剂"，解了燃眉之急，同时成功把阿里推向海外资本市场，进入一线投资人的视野。

2. 第二轮融资。2000年，阿里看中软银的互联网经验，软银对阿里的电子商务发展充满信心，二者一拍即合。于是软银牵头融资了2 000万美元，联合富达等多家企业共计投资2 500万美元。由孙正义担任公司顾问，其间由于马云的风险意识使其团队牢牢地掌握着控制权地位。

3. 第三轮融资。随着电子商务的崛起，淘宝网应运而生，马云为了支持其发展开始了第三轮融资。该轮融资主要由四家风投公司参与共计投资8 200万美元，但还是以软银为首投资了6 000万美元，其余三家分别为富达投资、寰慧投资和TDF。此轮融资过后，软银持股20%，马云以其独到的股份把控，将第二股东股份控制在20%左右，既稳定了团队的控制权又规避了部分风险。

4. 第四轮融资。2005年，由于淘宝与eBay的激烈竞争，腾讯拍拍见势也向阿里发起战争，同时前几轮投资者眼看着不利形势也急于求得自保套现退出，在这前有狼后有虎的绝境下资金短缺再次成为了困扰阿里的首要难题，这时雅虎为阿里带来了新的希望。同年8月，雅虎以10亿美元和雅虎中国的全部资产为代价，换取阿里40%的股权。但马云团队为了自己的控制权不受影响，与雅虎集团约法三章，具体如下：

①雅虎40%的股票只有35%的投票权，剩余投票权由马云团队拥有。有效期至2010年10月。

②阿里董事会软银和雅虎各一席，马云团队两席，2010年十月雅虎席位增至两位。

③2010年10月前，董事会在任何情况下都不得解除马云CEO职位。

从中我们可以得知，雅虎的股权比例已经超过了马云团队，这也为日后的股权之争埋下了伏笔。到2010年10月，当初合约要到期了，雅虎的投票权也将回升到39%，而马云团队则下降到了31.7%，软银维持当初的29.3%不变，同时，雅虎将有机会解除马云的CEO职位。为了不将这倾注了马云团队全部心血的阿里拱手让人，于2012年5月马云成功与雅虎签订了股票回购的协议。借此，软银和雅虎的投票权与控制权相加不足50%，马云团队的控制权得到了进一步巩固。

二、风险投资的退出

（一）退出方式

1. 并购。风险投资机构投资企业期限通常为3~5年。在阿里案例中，到2005年包括高盛在内的前期投资给阿里集团的风投资金全部到期，作为风投机构，最希望的还是阿里早点上市实现套现；而马云认为在淘宝垄断电子商务市场后再上市会有更高的收益，面对风投机构的压力，阿里收购了雅虎全部资产并将10亿美元投资作为投资者的套现金额返还回去。

2. 香港上市。马云前沿性预测，在2008年会有大范围的经济低迷，因此在2007年底阿里集团在香港正式挂牌上市，以全国最大的互联网公司姿态登上全球资本市场舞台，开启了属于阿里电商的新时代。此次上市，阿里获得投资额约17亿美元，成为世界第二大互联网公司。

（二）退出收益分析

阿里上市后，持股的投资集团均获得了丰厚的回报，尤以软银为最，其投资回报率达到了71倍，成为了投资界的神话；而雅虎作为阿里最大的股东同样也获利颇丰，市值超过了73亿美元。但在阿里第三轮融资时，有不少投资者已经撤资套现，尤其到了第四轮大部分投资者均已离开，到上市前就只有软银一家还紧跟着阿里的步伐。

5.3.2 案例评述

在引进风险资本的过程中，阿里公司的成功经验为我们带来如下启示：

一是要明确融资的目的。企业在引入投资前必须要明确融资目的，是为了长远发展还是为了套现股权，是为了引进技术、达成合作还是为了企业上市。要依据企业融资的目的，选择适合其发展的投资者。

二是要合理确定融资规模。企业在接受投资时要合理判断控制权的分配，尽量做到既满足企业的发展需求又不会威胁到自身的控制权，在条件允许的情况下可以让投资者让渡部分控制权。

三是谨慎选择融资对象。为了企业健康持续的发展，在融资时要选择符合自身发展特点和需要的投资商。

■ 思考题

1. 阿里巴巴风险投资采用了什么退出方式？归纳当前我国风险投资的主要退出方式。

2. 试比较本章两个案例中风险投资的过程有何不同？风险投资机构的组织模式选择有何不同？

3. 我国风险投资的法律监管体系有哪些需要健全和完善的地方？请提出自己的建议和看法。